なぜ日本の「正しさ」は世界に伝わらないのか

Public Diplomacy

日中韓　熾烈なイメージ戦

桒原響子

ウェッジ

まえがき

世界を見渡してみると、情報通信技術の発展や、民主化、グローバル化の進展により、政府のほか、メディア、ＮＧＯ、民間団体等外交のアクターが多様化し、世論が政府の意思決定に果たす役割は格段に増大している。

そうした中、一国の政府の外交手法においては、従来の政府対政府の外交ではなく、政府が相手国の世論に直接働きかけるという、「パブリック・ディプロマシー（広報文化外交）」の重要性が高まっている。

日本の周辺各国が展開するパブリック・ディプロマシーは、国際社会における日本の立場を揺るがすような影響力を持ち始めた。例えば韓国は、反日ロビー等の活動を展開しており、とりわけ米国を中心に、反日勢力を拡大してきている。中国は、その莫大な財源やネットワーク等の豊富な資源を投じて、この韓国の反日活動に一部協力する形をとりつつ、米国をはじめ世界中でプレゼンスを高めている。

こうした他国のパブリック・ディプロマシーによって、一時は、米国のみならず、国際社会における日本の立場が悪くなる事態にまで発展してしまった。それは主に、中韓が仕掛けた歴史認識を巡る問題に対しての日本の立場についてである。

こうした背景があり、日本は、安倍政権の指揮の下、領土や主権、そして歴史認識を巡る問題について、日本の「正しい姿」に対する国際社会からの「正しい理解」を獲得すべく、従来の対外発信政策を改め、力強い発信に打って出るパブリック・ディプロマシー強化政策を打ち出した。2015年度には、従来のパブリック・ディプロマシー予算に500億円を増額し、これまでにない規模の戦略的対外発信を実施し始めた。2015年度以降、現在でも年間約700億円を超える規模の予算を投じてパブリック・ディプロマシーを行っている。

しかし、こうした日本の外交努力に反して、いまだ中韓の反日パブリック・ディプロマシーは後を絶たず、むしろ、日本がパブリック・ディプロマシー強化に打って出たことによって、国際世論を巡る国家間の対立が激化したようにも見受けられる。また、中国が経済的および軍事的に台頭し、その思想を他国に浸透させようと試み始めると、中国が行使するパブリック・ディプロマシーの手法について、米国をはじめとする欧米諸国において警戒感が高まった。中国のパブリック・ディプロマシーが、「プロパガンダ」や「スパイ活動」等と批判されるようになったのだ。

また、中国がパブリック・ディプロマシーに用いるものについて、ソフトパワーではなく「シャープパワー」という呼称が与えられて批判される等、パブリック・ディプロマシーそのものの概念や範疇《はんちゅう》が拡大しているようにも見える。もっとも、その中国も、年初から中国・武漢で発生した新型コロナウイルスでは、中国政府の初期対応が遅れたこと、特に情報開示が後手に回ったこと等から、世界における中国のイメージが随分と悪化した。パブリック・ディプロマシーの観点から見ても大きな失態を演じている。中国政府は、こうした事態を受け、なんとか失政を挽回するため、情報開示に積極的な姿勢に転じたが、いったんイメージが定着すると、挽回が容易ではないことが今回の事例でも明らかである。

こうして変容する国際情勢の下、日中、日韓、そして日中韓関係は、各々のイメージを競う関係へと移行していった。そこでプレイされるのは、米国世論をターゲットとし、広報、文化交流、人物交流、放送、そして時にはプロパガンダ的手法をもって、世論の「心と精神を勝ち取る」ためのゲームである。

安倍政権が案ずる中国や韓国のパブリック・ディプロマシーとは、いったいどんなものだろうか？　国際社会においてどのような効果を生んできているのだろうか？　そして、日本はこの問題にどう対抗していくべきなのか？

各国が仕掛けるイメージ戦略に対して、日本がいかに戦っていくのか。ソフトパワーやシャープパワーが混在する今日のパブリック・ディプロマシーは、複雑だがこれまで以上に重要な意義を有している。各国が国際世論を巡り自国のイメージアップを競い合う時代における、日本が採るべき戦略について考察していきたい。

なぜ日本の「正しさ」は世界に伝わらないのか　目次

第1章 世界のパブリック・ディプロマシー戦で負け続けてきた日本

第2章 世界中でパブリック・ディプロマシーを展開する中国 ——ソフトパワーか、シャープパワーか

第3章
韓国の「反日」活動、主戦場は米国

第4章 韓国のイメージ戦略と日韓のすれ違い

第5章 各国が火花散らす「イメージ」を巡る戦い

第1章

世界のパブリック・ディプロマシー戦で負け続けてきた日本

対外発信戦略：パブリック・ディプロマシーとは何か

今日、パブリック・ディプロマシーは外交手段の一つとして欧米諸国を中心に国際社会で広く認識されている。自国の国益に資するべく、外国の社会に対し、広報、文化交流、人物交流、国際放送といった手段を通じて、ターゲットとした国の世論に働きかけ、自国のイメージやプレゼンスを向上させる外交手法がパブリック・ディプロマシーである。

過去にもパブリック・ディプロマシーは活用されてきたが、第二次世界大戦終結以前は、自らの攻撃的な意図を隠し、軍事侵攻を正当化するといった、プロパガンダが世論形成において中心的役割を果たしており、心理戦とも称された。それが、時代を追うごとに、透明性や誠意をもって実行されることが重要視されていった。海外の個人や組織と対話や交流を通じて関係を築き、メディア等多様な情報発信ツールを通じて働きかけることで、各国は、自らの政策について国際社会からの支持を得る活動を外交の一部として認識するようになった。

このパブリック・ディプロマシーの一般的な定義として、エドモンド・ガリオンによる提唱が有用であろう。ガリオンは、冷戦時代にパブリック・ディプロマシーを定義付け、世界的に定着させた米国の元外交官であり、タフツ大学フレッチャースクール学部長であった。「外交政策の立案・実施にあたっての国民の態度に影響を与えるものであり、伝統的な外交の枠を超え、他国での世論形成や各国間のグループの交流、外交問題の報道、政策形成やコミュニケーション等幅広い分野にまたがるもの」としている。

また、パブリック・ディプロマシーの形態については、ニコラス・カルによって、①傾聴、②立場の主張、③文化外交、④交流外交、⑤国際放送の五つに分けられ、この類型は、広く一般的なパブリック・ディプロマシーの形態として考えられることが多い。

このように、パブリック・ディプロマシーは比較的新しい概念であり、主に米国において研究され発展してきた。特に冷戦期は、米国がソ連との対立の中で、自由主義と共産主義体制の優位性を競い合った時代であり、両国は世界でその優位性を喧伝《けんでん》するために大規模な対外広報活動を展開したが、それはプロパガンダ的要素が強い活発なパブリック・ディプロマシーであった。

冷戦終結後は、大国間でイメージを競う戦いは終焉《しゅうえん》したとされ、パブリック・ディプロマシーの重要性自体が薄れていったが、9・11同時多発テロ事件が契機となり、再びパブリック・ディプロマシーが脚光を浴びることとなった。米国は、中東における自国に対する見方を思い知らされることとなり、中東世界において米国の考え方を理解してもらわねばならないとの認識から、積極的にソフトパワーを重視したパブリック・ディプロマシーを展開してきた。

日本で「パブリック・ディプロマシー」という言葉が定着し始めたのは、2004年以降と、比較的最近のことである。明確にパブリック・ディプロマシーが意識されたわけではなかったが、1970年代にはニクソン・ショックに直面し、日本でもパブリック・ディプロマシーに準ずる取り組みが行われるようになった。ニクソン・ショックは、日米間の相互理解が欠如しているのではないかといった反省を日本国内に生み出し、国際社会における日本のイメージ向上と、対日理解の深化等を目的として、1972年に国際交流基金が設立された。1990年代には、日米貿易摩擦が激化する事態となり、「日本異質論」が米国で出たことを受け、1991年、国際交流基金の中に日米センターが設立され、日米間の知的交流促進の取り組みが強化された。2000年代に入ると、9・11テロ事件が発生する。これを受け、米国だけでなく、日本をはじめとする各国も自国のイメージ向上のために、これまで以上に積極的にパブリック・ディプロマシーを展開するようになった。日本は、2004年8月、外務省に初めてパブリック・ディプロマシー担当部署を設置した。

他方、パブリック・ディプロマシーそのものの研究については、いまだ限定的な部分が多い。歴史的考察やケーススタディ、また取り組み手法を紹介するものが大半で、理論的考察は発展途上であるともいえる。さらには、肝心のパブリック・ディプロマシーの効果を測定する方法は世界的にも確立されていないのが現状である。世論調査等は効果測定でよく使用される手法であるものの、それだけでは人間の意思決定のプロセスは説明しきれず、効果測定方法としては十分でないとされているのだ。

とりわけ日本において現在なされているパブリック・ディプロマシーに関する研究は、パブリック・ディプロマシーの定義・概略や各国（といっても、欧米諸国が中心であるが）の主な戦略、そして日本の外務省の戦略の概要等を記すにとどまっている。

パブリック・ディプロマシーを展開する背景は各国間で異なるが、その目的の大前提は共通しており、それは「自国のプレゼンスとイメージの向上」である。そのために各国は、政府の政策広報や、文化・人物交流、国際放送といった手段を使って、世界の世論の心と精神を勝ち取るべく、働きかけを行っている。

領土・主権、歴史認識を巡る問題は世界でどう受け止められたのか

国際社会でパブリック・ディプロマシーへの関心が高まる中、近年、中国や韓国による日本を標的にした「反日的」ともいえるロビー活動や宣伝活動等が目立ち始める。中国や韓国は、特に米国において対日批判を激しく行い、米国政府の反応までも変化させていった。米国は、世界的なパブリック・ディプロマシーの「主戦場」とも呼ばれる。各国が、米国を味方につけ、その影響力を利用したがっているということだ。各国のパブリック・ディプロマシーが米国世論を巡り激しい攻防を繰り広げるゆえんである。

米国において中韓が展開した反日パブリック・ディプロマシーは、これまで歴史認識を巡る問題や、領土・主権の問題に集中しており、米国世論にかなりの影響を与えてきた。例えば、2007年の米国議会下院において採択された「下院121号決議」（通称「対日非難決議」または「慰安婦決議」ともいわれる）はその象徴的な例である。現在でも全米で慰安婦碑や慰安婦像の設置活動が韓国系米国人団体によって行われている。また、領土や主権についても、「釣魚

島（中国が主張する「尖閣諸島」の呼称）は中国のものである」と謳ったチャイナ・デイリー社の全面広告が、２０１２年9月28日付のニューヨーク・タイムズやワシントン・ポスト、ロサンゼルス・タイムズに大々的に折り込まれた。

また、日中韓の問題が、米国で使用される教科書においても現れるようになった。２０１４年ごろには、米国の一部の公立学校で使われる教科書において「日本海」との表記に韓国が主張する「東海」を併記するよう求める動きや、別の高校向け教科書では旧日本軍が慰安婦を強制連行したとする記述がなされるようになったことが発覚する等、教科書問題へと発展していったのだった。

そして、ついには、中国と韓国は、日本の歴史修正主義こそ問題であり、安倍政権は「ナショナリスト」であると、米国内で宣伝に努め、その結果、米メディアがこうした問題に関し、日本を批判的に報じるようになっていった。例えば、米国の有力紙ニューヨーク・タイムズでは、日本の政策に対して批判的な論説が増加していた。そもそも、米国紙の論説において日本が取り上げられること自体少ないのだが、２０１４年度には日本関連の論説が多くなり、とりわけ歴史認識を巡る問題に関しては、「Japan's Historical Blinders（日本の歴史的目くらまし）」、「Japan's Break with Peace（平和と断絶する日本）」、「Comfort Women and Japan's War on Truth（慰安婦と日本の真実との戦い）」、「Whitewashing History in Japan（歴史を隠蔽《いんぺい》する日本）」といった見出しの論説が次々と掲載された（グラフ1参照）。日本があたかも歴史に目を背け、平和を貫いてきた憲法を書き換えようとしているのではないかといった見方が広がっていったのであった。記事の詳細については、第3章で詳しく見ていくこととしよう。

ここで、ニューヨーク・タイムズの論説の役割について説明しておこう。論説、つまりOpinion（オピニオン）ページは、Editorials（社説）、Op-Ed（オプエド）、およびLetters to the Editor（レターズ・トゥ・ジ・エディター）で構成される。ここで述べる論説とは、主にニューヨーク・タイムズ側からの主張である社説とオプエドを指す。

オプエドとは、“opposite the editorial page”の略称である。主にニューヨーク・タイムズの編集部の支配下にはない外部の個人からの意見等を著した寄稿記事のことで、社説の反対側に設けられたことから、この名が付けられたとされる。ちなみに、レターズ・トゥ・ジ・エディターとは、「レターズ」とも呼ばれ、記事や社説、動画、オプエドに対して読者からの手紙（投稿）のことである。

ニューヨーク・タイムズが果たす社会的役割は大きい。他のメディアや読み手の意思決定に重要な役割を果たすとされ、特に米国においては、地方紙やテレビ局が議題設定を行う際、ニューヨーク・タイムズで取り上げられる議題に大きく影響を受けると学術的に証明されている。こうした役割を果たすニューヨーク・タイムズは、「メディア間の議題設定者（Intermedia Agenda-Setter）」とも呼ばれるのである。

さらに、前述の論説ページは、読み手にとっても貴重な情報源となっているといわれる。それ

グラフ1

ニューヨーク・タイムズが取り上げた日本関連のオプエドと社説のタイトル（2014年度）

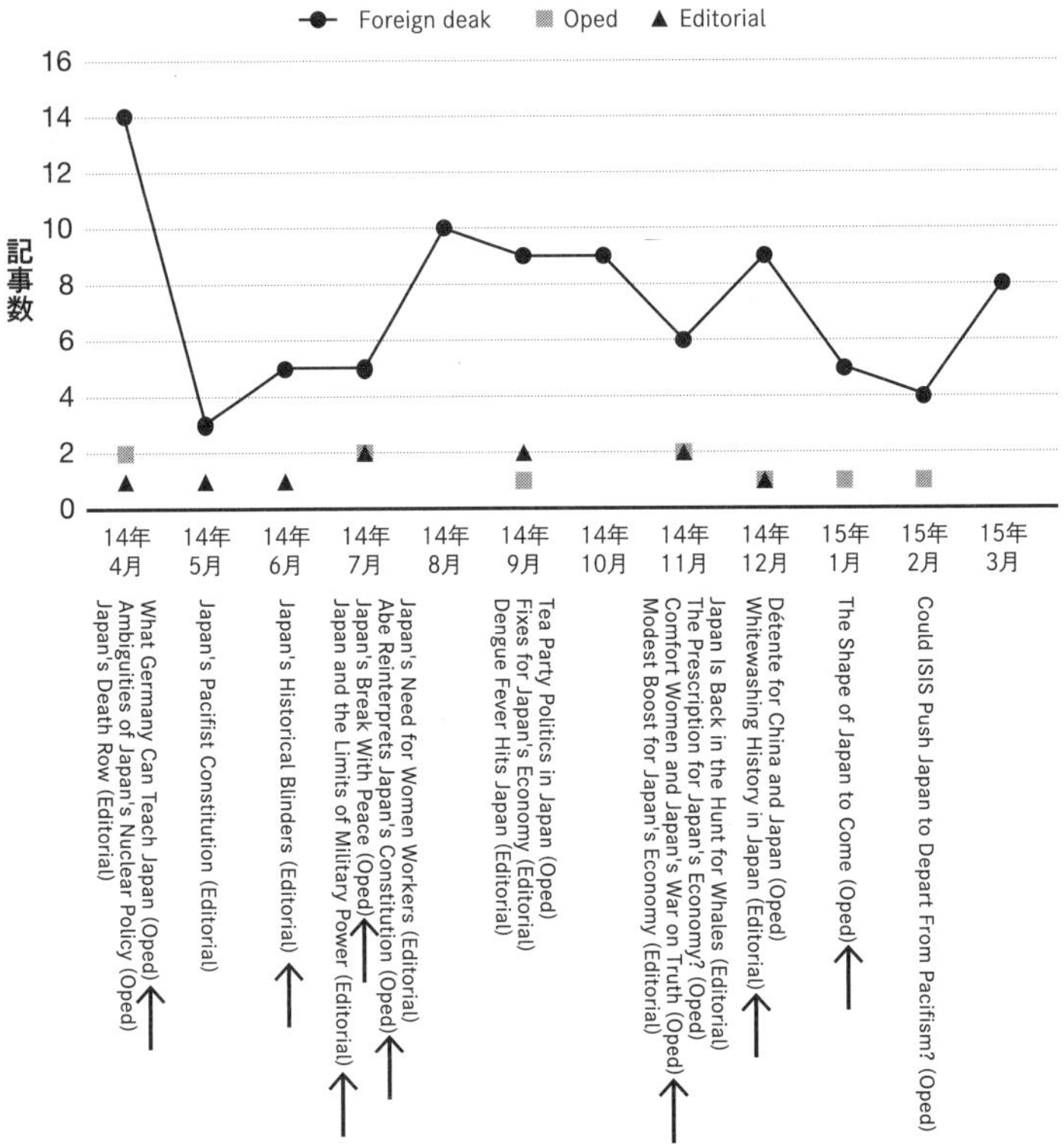

※矢印「←」は歴史認識を巡る問題に関連する内容のもの

出典：データベース「Lexis Nexis」より筆者作成

らはリアルタイムで伝えられるものではないが、過去のさまざまな事柄や事象、編集者の見解といった情報にアクセスできる貴重な場でもあり、米国市民の多くが、こうした論説ページで取り上げられるトピックをもとに、政治や社会問題について議論することが多いといわれている。

これらのことから、ニューヨーク・タイムズが米国世論づくりに一定の役割を果たしているといえよう。

実際、この頃の米国世論の対日観には変化が見られ始めた。中国や韓国の働きかけは、中国が経済面や軍事面で目覚ましく台頭していることも相まって、米国世論にも影響を及ぼし始めていた。外務省の対米世論調査によれば、「アジアにおける最も重要なパートナー」を「中国」と位置付け、従来1位であった「日本」と順位が逆転するという結果が出始めていたのだ（2010年には、中国を1位と位置付ける調査結果が出始め、有識者の部では「中国」56％、「日本」36％と、中国が日本を上回った）。

中韓の米国等における反日パブリック・ディプロマシーの影響は政府間の外交にも広がり、日本と中国および韓国は、首脳会談も開催できない状況となり、同盟国米国の政治、教育文化、メディア、地域社会等のあらゆるシーンにおいて、日本は苦しい立場に立たされていったのであった。

日本の対外発信は「否定・反論型」

米国をはじめ、国際社会において、反日宣伝に努めていた中韓の論調や取り組みに対し、日本はこれまで、否定・反論という手法で対抗していた。しかもそれは政府が前面に出る格好でなされることが多かった。それは度々、現地では「言い訳がましい」とか、「反省していないのではないか」といった誤解を生むことになり、逆効果となることが多かった。こうした否定・反論型の日本のパブリック・ディプロマシーの代表的なやり方を見ていこう。

第一に、２０１４年10月頃に日本政府が「クマラスワミ報告書」に対して行った一部撤回要求である。「クマラスワミ報告書」とは、国連人権委員会の「女性に対する暴力」の特別報告官に任命された法律家であるラディカ・クマラスワミ氏が、１９９５年7月に日本や韓国を訪問し、戦争被害者から聞き取りしたもので、日本政府に対し法的責任の受け入れと被害者補償等、6項目を勧告している。同報告書は、１９９６年2月に同委員会に提出、4月に採択された。同報告書を巡っては、慰安婦を強制連行したとする吉田清治氏（故人）によるいわゆる「吉田証言」等が参照、引用されたとの記述があるとされ、日本国内で問題となっていた。

だが、「吉田証言」は、すでに虚偽証言であるとの報道がなされていた。「吉田証言」を報道した朝日新聞自身が、２０１４年8月5、6日の朝刊に掲載した慰安婦の特集記事において、吉田氏の証言を「虚偽」と判断し、証言を報じた過去の記事の取り消しを行ったのだ。

しかし、「クマラスワミ報告書」は、朝日新聞のこうした報道を無視し、報告内容に反映しなかった。日本政府は、クマラスワミ氏に対し政府として部分的撤回を求めていたが、要請は同氏によって拒否された。

第二に、2015年1月、日本政府から米国の大手出版会社マグロウヒルに対して行った抗議および訂正要求である。同社が発刊した米国の公立高校向け世界史教科書に、第二次世界大戦中、「日本軍」が「約20万人の14から20歳の女性」を「強制連行」し、「慰安婦として徴用した」との記述がなされていたのだった。これに対し日本政府は総領事館を通じ同社に訂正を求めた。日本の主張に対しマグロウヒル社は、「慰安婦の歴史事実について学者の意見は一致しており、修正要求を受け入れない」と表明した。さらに、米国政府までもが「学問の自由を強く支持する」と述べたのだった。

第三は、外務省や在外公館が米国大手新聞社に、特定の記事や論説に対する反論文を載せる、いわゆる「反論投稿」という形をとって新聞社の対日報道に抗議するという手法である。これもまた、否定・反論型の日本のパブリック・ディプロマシーの典型的な例である。例えば、慰安婦問題を巡る安倍政権の姿勢に関して「戦時史の粉飾を要求する人々に迎合する」等とニューヨーク・タイムズが2014年12月4日付の社説（見出し：「Whitewashing History in Japan（歴史を隠蔽する日本）」）で批判し、日本の右派勢力が朝日新聞元記者らへ脅迫行為をしたことについて、安倍政権が「後押し」したのだとニューヨーク・タイムズが報じたことに対し、草賀純男駐ニューヨーク総領事（当時）が反論文を投稿したのだ。

当該投稿は、同月15日付の紙面に「Japan's Wartime Record（日本の戦時記録）」との見出しで掲載され、「安倍首相は歴史に謙虚に向き合わなければならないと繰り返し述べている」等と反論する内容であった。さらに、「日本は、報道の自由と国民による開かれた議論を強く支持する。脅迫や嫌がらせは決して容認しない」とも強調した。

しかし、こうした発信は、それがもたらす効果を考えた時、注意が必要である。例えば、こうした反論投稿の内容は、事柄をよく知らない読者にとっては一体何のことだかわからず、かえって読者が、反論の対象になった記事等に興味を示す可能性がある。また、最悪の場合、読み手に「言い訳がましい」と捉えられかねない。新聞紙面において、外国の政府が自身を擁護するかのような内容の寄稿文を載せたところで、それが、どの程度、現地読者の関心を呼び、彼らに内容を信頼してもらえるかについては、疑問も残る。

さらにいえば、発信の内容が、国際社会の認識の水準や動向と一致していなかったり、それに反したものであったりすれば、寄稿自体が効力を持たなくなってしまう。例えば、当該反論投稿では「報道の自由」についても主張されたが、世界における日本の報道の自由度ランキングは、第二次安倍政権発足後には年々順位を落としており（２０１２年22位、13年53位、14年59位、15年61位……２０１９年67位）、この傾向は欧米社会から度々注視されてきているところである。

こうしたケースはパブリック・ディプロマシーの典型的な失敗例ともいえよう。表現の自由を基本的価値観に置く米国において、日本政府が表に立って米国の権威ある出版社や新聞社等に対し記載の訂正を求めるといった行為は、相手が受け入れられない可能性が大であり、結果として日本のイメージを大きく悪化させることになった。しかし日本国内では、「この日本政府の動きは慰安婦問題での国際的な濡《ぬ》れ衣《ぎぬ》を晴らすための対外発信の第一歩として歓迎すべきである」といった発言も見られ、外務省も、２０１５年度からのパブリック・ディプロマシーの実施内容においても、海外の日本関連報道のうち、看過できないものに対して反論投稿や編集部・記者に対する申し入れ等を続けていく姿勢を示しており、評価は分かれている。

東日本大震災でついた「イメージ」

パブリック・ディプロマシーは、外部からの要因や、もともと国家が持つ自然特性等の要因によって、その成果が影響されることがある。日本の場合もやはり、そのパブリック・ディプロマシーが本来発揮する能力を損なう可能性のある、ネガティヴな要因をいくつか抱えている。その代表的なものが、２０１１年３月11日の東日本大震災である。この震災がもたらした津波の大被害は、予想外の出来事として世界中に衝撃を与え、原子力発電所事故は、世界を震撼《しんかん》させた。〝tsunami（津波）〟や〝nuclear power plant（原発）〟という言葉は世界中に瞬く間に広がり、日本のイメージとして定着していった。

米国世論にも変化が見られるようになった。２０１６年３月のギャラップの調査では、原発利用について、初めて「反対」が「賛成」を上回ったのだ。それまでは、米国世論の半数以上が「賛成」で、2010年には調査開始以降最も高い62%となった。しかし、東日本大震災が生起した2011年以降賛成派が減少し、反対派が増加していった。そして2016年には統計開始以来初めて反対派が賛成派を上回った。この変化は、東日本大震災に伴う福島第一原子力発電所の事故の影響を大きく受けたものであろう。日本の原発事故が米国世論に与えたイメージは相当大きかったことは明らかである（本調査自体は毎年実施されており、2019年では、「賛成」「反対」ともに49%で、米国世論の意見は分かれている）。

さらに、日本の原発事故が米国世論に与えた影響は、2015年2月のピュー・リサーチ・センターの調査でも明らかになった。2015年4月、戦後70周年を記念し発表されたレポートでは、日米の第二次世界大戦後70年の相互理解度に関する世論結果が示された。

この世論調査のうち、「日米関係で重要だと考える出来事」という質問に対する回答で最も多かったのが、「第二次世界大戦」と並んで、なんと「東日本大震災と津波」が31%だったのだ（グラフ2参照）。調査結果が出る前に、筆者は、同世論調査に携わったピュー・リサーチ・センターのある研究員にインタビューしていたが、同氏は「一番はたぶん、ツナミじゃないかと思う。それほど、あの出来事は米国に衝撃を与えた」と語っていた。第二次世界大戦の歴史よりも、海外の世論に与えた東日本大震災のイメージは、米国にとってとりわけ大きかったのだ。

さらに、「日本」と聞いて思い浮かべるものについても、「津波、フクシマ」のイメージは35人

グラフ2

米国世論から見た過去75年間の日米関係で最も重要だと思う出来事

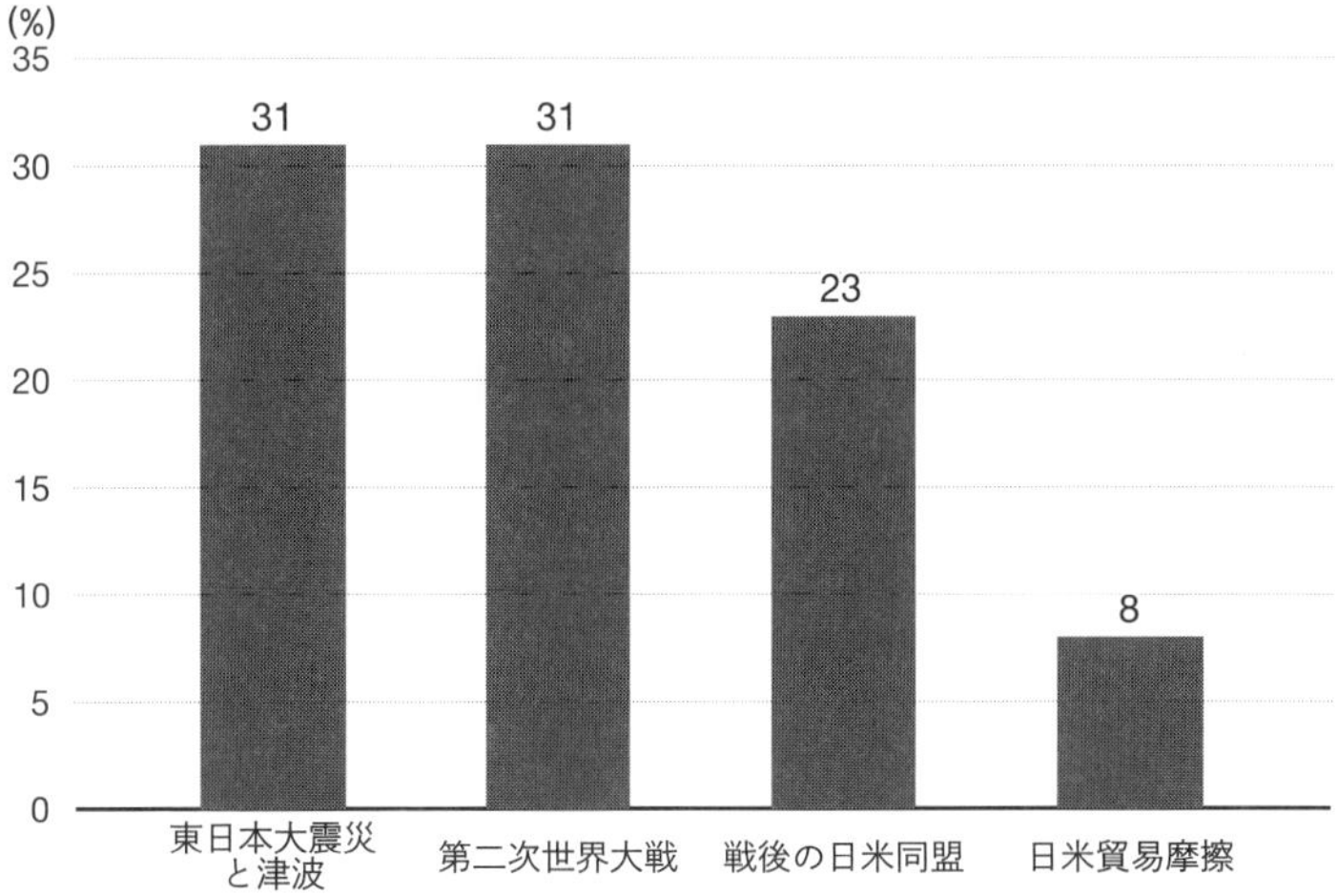

出典：ピュー・リサーチ・センターの報告書をもとに筆者作成

と6番目に多く、全体としても決して少なくない(グラフ3参照)。

海外有力メディアが連日、東日本大震災と、それに伴う原発事故や原発再稼働を巡る動きについて報じたことにより、世論形成に影響を与えたと考えられる。

もちろん、日本の全体のイメージが悪化したわけではない。東日本大震災は世界の注目を集めたが、その折に発信された情報の中で世界からの賞賛を集めたのが、日本人の規律正しい姿だった。「冷静で」「秩序ある」「助け合いの精神」等が、世界中で評価されたのであった。さらに現地の報道では、日本の防災システムや建物の耐震設計を評価する論調も目立った。東日本大震災は、必ずしもネガティヴな受け止めばかりではなく、日本人の特性や、日本の高度な技術、産業等のソフトパワーが評価される機会ともなったのだ。

グラフ3

米国世論の「日本」と聞いて思いつく主なイメージ（一部抜粋）

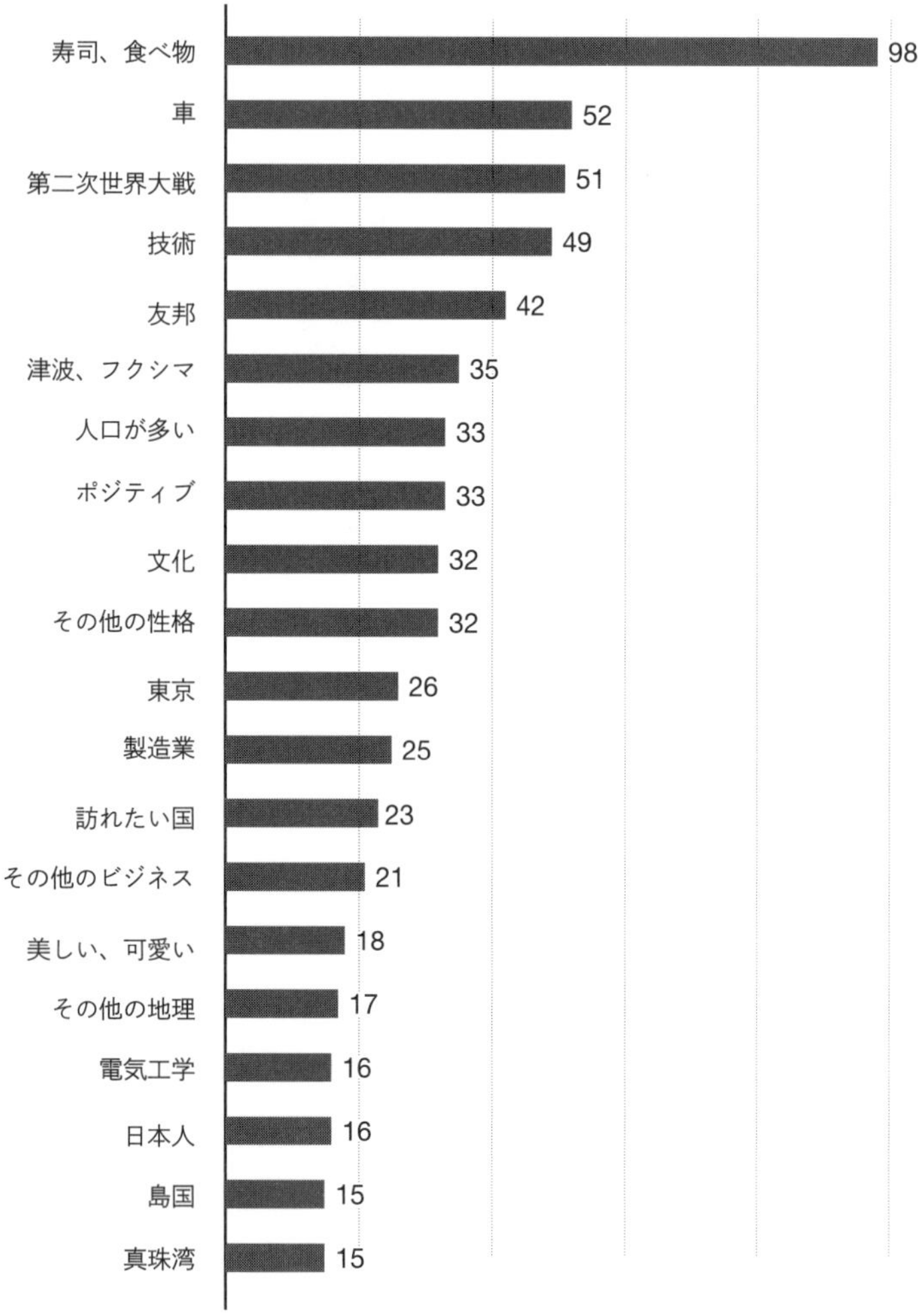

※単位は％ではなく人数。1000人の米国人を対象とした調査

出典：ピュー・リサーチ・センターの報告書をもとに筆者作成

しかしながら、米国をはじめとする国際社会は、「大規模地震」「津波」「原発事故」といった日本に対するイメージをいまだに引きずっている。自然災害についてのイメージは、これを払拭《ふっしょく》することが困難であることを示す例である。

文化・コンテンツ産業に頼りすぎた日本

また、日本の従来のパブリック・ディプロマシーは、各国世論に影響を与えるという目的から乖離《かいり》しており、せっかくの戦略も効果が期待できないものとなってしまっていたこともあった。それが、インバウンド効果を期待した文化コンテンツ産業に関わる政策であった。

2010年に、経済産業省に「クールジャパン室」が設置され、日本のコンテンツ、ファッション、アニメ等の商品・サービスに対する海外需要の獲得や関連産業の雇用創出・拡大を目的とした「クールジャパン戦略」を国の政策として打ち出していった。「クールジャパン」とは、2002年に米国のジャーナリスト、ダグラス・マッグレイが提唱した言葉で、日本のアニメや漫画等のポップカルチャーを含む様々な分野が、国家が持つ格好良さ、つまりは「ジャパニーズ・クール」であると言及したことから、日本政府が注目し、国家戦略等にも多用していったものであったが、この戦略は、外交政策というよりは、日本経済により有用な方策を採ることが主な目的であったと考えられる。しかし、国際社会では、「日本ブランド」やソフトパワーとは、産業で生まれるような製品・サービスではなく、日本独自の「文化」であるとの評価があり、クールジャパン戦略がソフトパワーとして機能したとは必ずしもいえない結果となっている。

第二次安倍政権下、パブリック・ディプロマシー戦略の抜本的改革に伴い、「主張する外交」政策のもと、今までになかった積極的な対外発信政策を打ち出し始めた。ソフトパワーとしてのクールジャパンも重要視しているが、それは総じて「文化や食といった日本の多様な魅力の発信」によって生まれる観光や貿易等の経済面で期待される効果として捉えられることが多くなった。一方で、パブリック・ディプロマシーの主たる目的は、外交政策を展開する上で、国際社会からの対日理解や支持を取り付けるためとされ、パブリック・ディプロマシーに、日本の外交政策に資するものという位置付けが与えられた。日本のパブリック・ディプロマシーが、国際社会で一般的に用いられるパブリック・ディプロマシーへと変化を遂げようとしているように見受けられるのだ。

ちなみに、クールジャパン戦略に関していえば、これまでの戦略の見直しが検討されるようになった。2019年9月3日の内閣府知的財産戦略本部（本部長・安倍首相）において、これまでの政府主導を改め、民間に中核組織を置くことが柱となる新クール・ジャパン戦略が打ち出された。今後、省庁間の連携を強化すべく、外務省の副大臣らで構成する「クールジャパン戦略会議」を設置し、外国人や地方事業者、投資家といった関係者と連携し、海外の対日関心やニーズ等を分析していくという。SNSの活用や、クールジャパン戦略に関わる外国人に在留資格の条件を緩和するといった検討も行われるようだ。さらに同戦略の効果測定方法に関しても、新たに検討がなされている。明確な方途は規定されていないものの、例えばソーシャルメディアにおける世論の「共感」について、ＡＩを活用して評価を行うこと等も検討されるようだ。

日本の魅力を海外に発信するこの戦略が、これまでの反省からその手法を改め、新たな試みを行うことになるわけだが、それが、外務省が展開するパブリック・ディプロマシーとどのような関わりを見せるのか、そしてそれが双方にとってどのような相乗効果を見せるのかについても、今後注目していく必要がある。

第二次安倍政権発足後、パブリック・ディプロマシー強化は政権の優先課題に

第二次安倍政権下で、これまでとは異なる、全く新しいスタイルのパブリック・ディプロマシーが展開されることとなったが、それはいかにして政権の重要課題と位置付けられていったのか、その背景を見ていこう。

２０１２年12月、第二次安倍政権が発足するや、国際社会における日本の対外発信力が不十分であるとの問題意識から、日本のパブリック・ディプロマシーを強化すべきだという認識が強く持たれるようになり、政権の優先課題となった。もともと安倍首相は、２０１２年９月に自民党総裁選に出馬した際に、尖閣諸島問題を念頭に領土保全の重視を訴えた。尖閣諸島問題は、同年の民主党野田政権による国有化とそれに激しく抗議した中国政府の対応で、日中対立の原因となる大きな問題になっていた。こうした事態に対し、安倍首相は総裁選への出馬当時から、領土は

断固守るという姿勢を示し、国際社会に日本の正当性を主張する姿勢を示していたのであった。また、中国や韓国は、活発に反日宣伝等、対米パブリック・ディプロマシーに努め、それなりの成果を出しており、さらに米国世論は日本への積極的な関心が低下しており、こうした事態に対し、日本の閣僚や外務省の中で懸念の声が強まっていた。

特に、閣僚を中心に、自民党の議員らが、日本の対外的な発信機能の強化の必要性を訴え始めた。対外的な発信力強化については、自民党の2013年参院選公約に初めて明記された。公約文書に記載されている項目のうち、「強靱《きょうじん》で機動的な防衛力と安全保障体制の構築」では、「領土・主権問題に関しては、法と事実に基づく日本の主張について、国内外に対する普及・啓発・広報活動」を積極的に行うとし、安倍政権下で、領土や主権に関する対外発信を強める意向を示していた。

同時期には、閣僚のみならず、有識者からも対外発信強化を要請する論調が高まっていた。参院選の選挙公約が発表された直後の2013年7月2日、一つの報告書が有識者懇談会によって提出された。この懇談会は、領土担当大臣のもとで日本の領土・主権を巡る情勢に関して、関係国の主張や国際的な認識を踏まえつつ、効果的な発信を行うために、必要な学術的調査・研究上の課題や国内啓発・対外発信の方策を整理・検討することを目的として設けられた。その報告書は、国際的に影響力や発信力のある第三者による英語での発信や、シンクタンク、研究者による発信の重要性を指摘している。

特に注目すべきは、海外における他国による「世論戦」を紹介し、特定の国名は明記されていないものの、海外においてシンクタンクの形をした政府系研究機関等を組織化することで「世論戦」を展開し、自国の主張を浸透させようとする国があることを例として挙げ、日本の発信は脆《ぜい》弱《じゃく》であることが指摘されている点である。

以上から明らかなように、当時の日本政府および有識者の認識は、領土や主権の分野で、日本の発信力が他国と比較し劣っていること、そして「他国」による「世論戦」を注視しなければならないこと、この二点である。

さらに日本政府の関心は、領土のみならず、歴史認識を巡る問題へと拡大していった。2014年2月10日の衆議院第186回国会予算委員会でも、安倍内閣の閣僚らから日本のパブリック・ディプロマシーを強化すべしとの発言が相次いだ。中でも、米国における中国や韓国系米国人団体の現地での影響力に対する危機感をうかがわせる発言が目立った。

高市早苗総務大臣（当時）は、同年2月6日に米国バージニア州議会で、東海併記に関わる法案が可決されたことについて、外務省に対ししっかりとした働きかけを要請した。また、同氏は、中国メディアの海外進出や国際展開ぶりを警戒し、特に中国が2012年に米国に開局したCCTV（中国中央電視台）Americaの卓越性について触れ、日本のNHKワールドTVと比較しながら、多言語化や多様な演出の工夫を要求した。さらには国際放送で領土に関する正しい情報を発信することの重要性についても触れている。

ここから読み取れることは、安倍政権が、韓国系アメリカ人の現地における反日的なロビー活動等に対応すべく日本としてのパブリック・ディプロマシーを、とりわけ米国向けに展開、強化すべし、と認識していたことである。

さらに、日本の対外発信力強化の必要性は、自民党が２０１４年11月25日に発表した参議院選公約において、一段と踏み込んだ提言として表明された。このうち、「地球儀を俯瞰《ふかん》した積極的平和外交」記載の以下四点は、主にパブリック・ディプロマシーに関するものであると考えられる。

①わが国の主権や領土を断固として守る体制を整備するとともに、法と事実に基づく日本の主張について国内外で積極的に普及・啓発・広報活動を行う。

②虚偽に基づくいわれなき非難に対しては断固として反論し、国際社会への対外発信等を通じて、日本の名誉・国益を回復するために行動する。

③日本の「正しい姿」や多様な魅力を世界に伝える拠点として「ジャパン・ハウス」（仮称）の主要国への設置を検討する等、戦略的対外発信機能を強化する。

④大使館・総領事館の新設並びに防衛駐在官を含む外務省定員の着実な増員を図り、欧米主要国並みの外交実施体制を整備する。

この公約からわかることは、日本政府が、領土や主権問題、歴史認識に関する日本の主張の対外発信強化、および海外における中国や韓国による反日的な主張や働きかけへの対策を求めているということであろう。

2012年末に第二次安倍政権が発足した時点では、日中間では尖閣諸島を巡る対立が激化しており、日韓間では慰安婦問題を巡り関係が悪化し、さらに中韓が連携して日本批判を行おうとする姿さえ浮上してきていた。こうした動きに日本が受身の形で対応すると、米国までもが日本に懸念を示すようになり、従来のパブリック・ディプロマシーでは手の打ちようがなくなってしまっていたのだと考えられる。

パブリック・ディプロマシー予算500億円ついに増額

かくして、第二次安倍政権は、日本の対外発信力強化を重要な政権課題とし、従来のパブリック・ディプロマシーを改め、2015年度には外務省の「戦略的対外発信予算」、つまりはパブリック・ディプロマシー予算として対前年度比約500億円増額の約700億円が投じられたのだ。日本の対外発信の大幅改革に打って出たのである。

その中身について詳しく見ていこう。政府の資料では、「戦略的対外発信」の目的は、「在外公館（長）を中心に、『ジャパン・ハウス』をフルに活用しつつ、従来の取り組みに加えオールジャパンで以下の施策を強力に推進」することとされている。その中で、領土保全や歴史認識、積極的平和主義等の重要課題についての日本の「正しい姿」の対外発信を抜本的に強化し、国際社会の正しい理解を獲得することや、伝統芸能やクールジャパンといった日本の多様なソフトパワーを発信すること、そして親日派・知日派を育成し外交環境の改善を推進し、その際在外公館の人脈や知見も生かした発信を強化していくことが主要方針として明記されている。

その方針に基づき、２０１５年度のパブリック・ディプロマシーに対する５００億円の増額分に関する主な事業項目が、以下の四つに分類されている。

①日本の「正しい姿」の発信
日本関連の国際世論分析や報道等のモニタリング、日本国内のシンクタンクへの支援拡充、女性が輝く社会に向けた国際シンポジウムの開催、情報通信ネットワーク更新やＳＮＳ、ホームページの多言語化やＯＤＡ広報といったＩＴ広報の強化、国際放送の強化等。

②日本の多様な魅力のさらなる発信
海外の主要都市における広報文化外交の拠点とされる施設、「ジャパン・ハウス」創設。その他、日本祭りの開催、地方自治体や中小企業の海外展開および日本の技術、映像コンテンツの国際展開に対する支援といった日本の多様な魅力（ソフトパワー）の売り込み、在外公館における進出日本企業支援等。

③親日派・知日派の育成

新たに海外における親日派・知日派を育成するための、日本語教育拠点の抜本的拡充、米国や中南米を中心とした日本語教師の確保や日本語専門家の派遣、親日派・知日派育成のための交流拡充、世界の主要拠点における日本関連講座への支援、日米インターンシップ制度の構築、若手研究者の米国への派遣・研究支援等。

④在外公館長・在外公館による発信のさらなる強化

在外公館長によるスピーチ、寄稿等による発信の補佐体制の整備、現地専門家の活用といった体制の強化等。

以上の事業内容からわかることは、以下三点にまとめられる。

①「正しい姿」の発信とは、主に領土問題や歴史認識の分野における日本の立場であり、これに対する中国や韓国の動向を注視していること。

②ソフトパワーをはじめ、「ジャパン・ハウス」や、ソーシャルメディア、在外公館を効果的に活用しようとしていること。

③中長期的な日米関係の発展のために、特に米国における親日派・知日派育成の分野に力を入れる必要があるという認識に立っていること。

また、新パブリック・ディプロマシーの取り組み内容として、新たに前例にない取り組みを試みている。外務省によれば、ソーシャルメディアの活用、知日派・親日派育成、ジャパン・ハウスの創設、エスニック・コミュニティーへの働きかけ、日本研究支援といった内容である。

まず、ソーシャルメディアについてであるが、幅広い世論へ働きかける手法としてSNS等の活用の重要性が日本政府によって注目された。FacebookやTwitter等のアカウント立ち上げと共に、日・英両言語で、安倍首相自身や在外公館の活動に関して写真とともに発信することに努めてきた。また、複数言語での広報動画による発信も行っており、外務省ホームページをはじめ、欧米等の海外メディアやYouTubeに広告を掲載している。例えば、動画『海における法の支配』と『災害に強い世界に向けた日本の支援―防災―』は、2016年3月7日~20日にCNNでコマーシャル放送され、計約9000万人が視聴して注目を集めたという。

発信的側面でいえば、文化交流・人物交流事業を通じた日本の魅力の発信事業や、第三者発信も活発だ。例えば、これまでに、在外公館文化事業という形で、全世界で数多くの文化交流イベントが開催されてきているが、これらは文化交流・人物交流という側面をはじめ、日本の多様な魅力の発信としての側面でも重視されている。米国における桜祭りやフランスのジャポニスムは国内でもよく知られるところだろう。また、各分野の有識者を海外派遣し講演会を開催するといった派遣事業や、海外の有識者や報道関係者等の招聘《しょうへい》事業（帰国後は招聘者自身による発信につなげることも含む）も行っている。

次に、知日派・親日派育成を目的とした対日理解促進交流プログラムもまた、外務省のパブリック・ディプロマシーにおいて重視されるところである。将来活躍が期待される海外の優秀な人材の発掘および招聘を通じ、日本の政治、社会、歴史および外交政策に関する理解促進を図るとともに、中長期的な日本の外交環境改善を図ることが目的だという。2015年度は、アジア大洋州、欧米、中南米等から5000人を超える規模の招聘・派遣が実施されたと聞く。その他、海外の主要大学における日本研究支援やスポーツ外交推進事業にも力を入れている。特に日本研究支援は、それ自体が日本の政策広報やプロパガンダとして現地に受け取られないよう、そして現地の若者が将来なんらかの形で日本とつながりが持てるよう、工夫が凝らされなければならない取り組みといえる。外務省は、米国コロンビア大学、マサチューセッツ工科大学、ジョージタウン大学に500万ドルずつを拠出し、現代日本政治や外交といった分野の研究活動を支援する等し、また国際交流基金が欧米の有力な大学で現代日本関連プログラムを立ち上げたとしている。

さらに、日系人やユダヤ系等の特定のエスニック・コミュニティーに焦点を当てた取り組みも新しく組み込まれた。例えば、ノースウエスタン大学における当地の日系人招聘者による講演会の開催や、JETプログラムの元留学生との連携事業、さらに全米ユダヤ協会における映画『杉原千畝』の放映等が主にこれまで実施されてきた事業内容とされる。特にユダヤ系については、マスメディアやハリウッド映画界での彼らの強い影響力を意識したものと考えられ、また映画

『杉原千畝』については、大戦中、リトアニアで6000人ものユダヤ難民に日本通過ビザを発給し続けた外交官・杉原千畝というコンテンツを効果的に活用することで、現地での知日派・親日派との交流強化を図ったと考えられる。

ジャパン・ハウスの可能性と課題

そして、外務省肝いりのジャパン・ハウス事業は、世界的にみても類を見ない取り組みであり、特筆すべきである。ジャパン・ハウスとは、日本の多様な魅力、そして「オールジャパン」の発信拠点である。ジャパン・ハウス創設の背景には、国際社会における情報量が増大し、伝達手段が多様化する中、情報伝達の拠点となる物理的なプレゼンスが重要とされたことがある。

ジャパン・ハウスは、英国・ロンドン、米国・ロサンゼルス、ブラジル・サンパウロの海外3拠点に設置され、本格的な運営がスタートしたばかりだ。2017年4月のサンパウロでの開館を皮切りに、同年12月のロサンゼルスの部分開館、2018年6月にロンドンでオープンした。そして、2018年8月にロサンゼルスは全館開館を遂げ、3拠点がフルオープン、各館ともに集客目標を上回る等、滑り出しは順調だ。

全館の総合プロデューサーはグラフィック・デザイナーの原研哉氏で、デザイナーは同氏および2020東京五輪のメイン会場の設計を行う隈研吾氏という豪華なキャスティングだ。街中に混在することで、ワンストップで日本のコンテンツに触れられ、サービスを受けることができるという特徴のこの施設、こうした取り組みは、世界を見渡しても実施を試みる国はなく、世界初の斬新な取り組みであり、成功すれば、日本のパブリック・ディプロマシー戦略の肝として、政府や外務省からも期待されるところである。

また、内装設計や運営はすべて現地の民間企業に委託していることが特徴だ。施設内では、日本食等の日本ブランドの発信や、日本の平和国家としての歩みや国際貢献に関する展示・セミナー・講演会の開催等、あらゆる事業が実施されている。

以上のパブリック・ディプロマシーの新たな取り組み内容の特徴からうかがえるのが、将来日本との外交関係において有望と見られる若者をターゲットにした発信・交流事業が多くなっていること、また、現代にふさわしい発信媒体が使われていること、そして、政府が前面に出ないよう第三者発信や事業内容の工夫が凝らされているという点であろう。

こうしたパブリック・ディプロマシーの内容は、2000年代初頭の日本の外務省の取り組みではとても考えられなかったと、外務省関係者は語る。中長期を要する取り組みであるが、いずれも世界に類を見ないユニークなアプローチであり、世界からの評価や今後の効果に期待される。

ただし、ジャパン・ハウスの取り組みには難しさも共存している。例えばサンパウロ館は、集客率や現地の評判も上々で、来館者数はオープンから1年で約77万人と、当初目標の13万6000人を大幅に上回った。SNSでも注目度は高く、外務省はジャパン・ハウス各館の

ブラジル・サンパウロのジャパン・ハウス（写真：毎日新聞社／アフロ）

インスタグラムの英語版アカウントを設けているが、サンパウロ館は5・6万人ものフォロワーを持つ（2019年末時点）。このようなサンパウロ館の現状は、サンパウロという土地柄が後押ししていることに起因する。この地には世界最大規模の日系コミュニティが存在し、日系人のブラジル社会への貢献は同国政府や有識者らも認めるところであり、日本に対する信頼度や関心度も高いのである。こうした地域の特性が、サンパウロ館の成功を後押しする要因となっていると考えられる。

しかし、である。その他の館では難しさも残る。ロンドン館に関しては、開館記念行事に英国ウィリアム王子の訪問等の影響もあり注目を集めたが、サンパウロ館ほどの入場者の動員は見込まれないという意見もあり、また、ロサンゼルス館に関しては、全館開館記念行事で現役のロサンゼルス市長や河野太郎外務大臣（当時）夫妻が参加したほか、X JAPANのYOSHIKI氏らの演奏が行われる等、華々しくオープンしたにもかかわらず、やはりサンパウロ館ほどの入場者の動員は見込まれていない。ロサンゼルス館のインスタグラムの英語版アカウントのフォロワー数も1万人（2019年末時点）となっており、ほか2館と比較しても世論の注目度が低いことがわかる（ちなみに、ロンドン館のフォロワー数は2・6万人）。

なぜここまでロサンゼルス館の人気や認知度が振るわないかというと、その要因の一つに、立地の問題が障壁となっていると考えられる。同館は、サンパウロ館やロンドン館のように路面に設置されておらず（前者はパウリスタ大通りの、後者はケンジントン地区の目抜き通りのケンジントンストリートの一等地に、それぞれ設計・建築された）、しかも、世界中の観光客が集まるハリウッドにある総合エンターテインメント施設のハリウッド&ハイランドセンター内の2階部分と5階部分に入居しているのである。

ハリウッド&ハイランドセンターは、アカデミー賞授賞式会場として有名なドルビーシアターを収容する複合施設でもあり、エンターテインメントの拠点としての土地柄を生かしたコンテンツの活用や集客が期待されていたが、逆説的には、それはあまり地元の人が訪れない観光地であり、大半の観光客の目的は「ハリウッド」であるともいえる。また、ショッピングモールの中に入居しているため、存在自体が気付かれにくく、ほか2館と比べても「ふらっと立ち寄れる」感が低減してしまっていることが考えられるだろう。

ジャパン・ハウス全体の今後の運営にも課題が残る。各ジャパン・ハウスの運営は各々異なる民間企業によるもので、競争入札によって委託先が決定する。外務省と受託企業との綿密な調査や連携が必要となるし、何よりジャパン・ハウスを長続きさせるためにも、安定した集客率の確保をはじめ、広報・宣伝による現地への周知と関心の喚起、そして評判の獲得が欠かせず、そうなると、今後の運営方針や戦略に関しての課題が多い。文化人や専門家等に聞くと、「なぜ需要の高いアジアに作らなかったのか」といった反応もよく耳にする。ジャパン・ハウスが今後、どのように人気を喚起し、現地社会がどのようにジャパン・ハウスを利用したいと考えるのか。今後の取り組みに期待したい。

第2章

世界中でパブリック・ディプロマシーを展開する中国
――ソフトパワーか、シャープパワーか

中国の「シャープパワー」とは何か

米国では、中国が米国世論に不正な働きかけをしていると認識されるようになっている。その時に中国が用いているのが、シャープパワーであるという。２０１８年11月20日、米国コロラド州で行われた安全保障フォーラムにおいて、ＣＩＡのマイケル・コリンズ高官は中国の台頭について講演し、中国の習近平政権が米国に対して「冷戦」を仕掛けていると主張した。「彼ら（中国共産党）自身の発言や習近平主席の言動から判断すると、彼らは我々に対して冷戦を仕掛けている。だが我々が経験したかつての冷戦とは異なる、実質的な冷戦だ。あらゆる手段で正当な影響力と不当な影響力を行使し、公的な力と民間力、経済力と軍事力を行使して、衝突に持ち込むことなく自分の立場に関連したライバルの座を揺るがす国家である」と述べたのだ。ここでいう「不当な影響力」がシャープパワーと呼ばれるものだ。

シャープパワーという言葉が誕生した背景には、米国をはじめ国際社会からの中国やロシアに対する警戒感の高まりがあった。外交・安全保障の世界では、これまで、ハードパワーやソフトパワーという形でパワーの形態が定義されてきた。ソフトパワーの提唱者でもあるジョセフ・ナイによれば、パワーとは、「望ましい結果を得るために他者に影響を与える能力」を示す。そのうち、ハードパワーは、軍事力、経済力、威圧や報復を、ソフトパワーは、「強制や報酬ではなく、魅力によって望む結果を得る能力」と定義され、国家の価値や魅力、政策、文化等の資源に依存している。

２０１７年末に、新たなパワーの概念が定義された。それが、シャープパワーである。米国シンクタンクの全米民主主義基金（National Endowment for Democracy：ＮＥＤ）が２０１７年11月に開催したフォーラムにおいて、初めてシャープパワーの存在について提起し、警鐘を鳴らした。これをきっかけに、米国をはじめ、国際社会がこの言葉に注目するようになっていった。同基金によれば、シャープパワーとは、権威主義国家が、強制や情報の歪曲《わいきょく》といった強引な手段によって、民主主義国家に対し、自国の方針を飲ませようとしたり世論を操作したりするものである。シャープパワーを行使する権威主義国家には、中国やロシアが挙げられた。

「シャープ（sharp）」とは、もともと「鋭い」とか、「尖《とが》った」、「険しい」等の意味を持つが、文字通り、「シャープなパワー」ということである。

シャープパワーという言葉が唱えられるまでの米国の状況を考えると、そこには、中国の経済や軍事等の領域でのなりふり構わぬ活動や覇権を目指した動きがあった。米国では、中国が近いうちに自分たちを追い抜き、世界の覇権を握るのではないか、国益を脅かすのではないか、といった危機感が増大しており、中国の「排除」を行うようになった。中国の代表的なパブリック・ディプロマシーの手段である孔子学院や、「チャイナ・ウォッチ」（チャイナ・デイリー社が発行する広告）、「ＣＣＴＶ Ａｍｅｒｉｃａ（中国国営テレビ中国中央電視台の米国向け放送）等を、中国指導部による世論工作やプロパガンダ、つまりはシャープパワーであるとして警戒し、締め出しが始まった。

もちろん中国は、自国の活動を米国がシャープパワーと呼び出すよりもずっと以前から、同様のパブリック・ディプロマシーの方途によって、世界の世論にアプローチしてきた。孔子学院にしろ、「チャイナ・ウォッチ」にしろ、CCTV Americaにしろ、すべて昔から何ら変わらない、中国のパブリック・ディプロマシーの代表的な手法なのである。これらの中国独自の外交手法による影響は、徐々に米国や世界に浸透し、経済界、文化界、メディア界において、中国のプレゼンスは格段に高まっていった。

しかし、2014年ごろから風向きが変わり始める。中国が用いる世論工作や宣伝活動、ロビー活動、資金提供といった手法が、米国からは、もはや広く一般的に考えられているソフトパワーを使ったパブリック・ディプロマシーから逸脱した手法であり、「プロパガンダ」や「スパイ活動」であり、シャープパワーを行使している、と反発が起こるようになっていった。

ここで、中国のパブリック・ディプロマシーについて整理しておこう。中国では、パブリック・ディプロマシーを「公共政策」と呼ぶ。中国が「公共政策」の重要性に着眼したのは、1989年6月4日に生起した天安門事件に起源があるとされる。民主化を求めて天安門広場に集結していたデモ参加者を、軍が武力で弾圧し、多数の死傷者を出した。欧米のメディアは、こぞってこの天安門事件について取り上げ、厳しく中国批判を行ったことで、結果、世界中に中国のマイナスイメージが広がることとなってしまった。中国はこうしたイメージを払拭することを目標としていたのである。

２０００年代に入ると、中国は目覚ましい経済発展を遂げていく。ＧＤＰでは日本を追い越して世界第2位の経済大国となり、国際社会におけるプレゼンスは格段に高まっていった。その経済成長を武器に、中国は、とりわけ米国に対するパブリック・ディプロマシーが自国の発展や外交政策に重要だとの認識に立ち、米国世論形成に多大な努力を払ってきた。例えば、相手国の信用を獲得するため、中国指導部が前面に出ない方途を重視しており、現地の華人や、企業や市民団体と連携し、多彩なメディア戦略をはじめ、オペラ公演や孔子学院といった中国のソフトパワーを前面に打ち出すことで、幅広く世論に働きかけを行ってきた。

この中国のパブリック・ディプロマシーの主導権を握り、表向きの政策決定を行っているのは、「国務院新聞弁公室」である。新聞弁公室は、中国の新聞、放送、インターネットを統括する長官級の国務院直轄機関である。すなわち、国（政府）の機関であるということだ。

一方で、パブリック・ディプロマシーの真の担い手は、中国共産党中央委員会直轄の「中央統一戦線工作部」（統戦部）である。文字通り、中国人に統一戦線を組ませるために活動する組織だ。ここで言う「中国人」は、中華人民共和国の国籍を持つ者だけに止まらない。移住者や留学生を含む、すべての中国人海外居住者も工作の対象なのである。統戦部は、対象とする国に居住する中国人を組織し、あるいは個別に動かし、主にロビー活動をはじめ、海外の主要メディアやシンクタンク、教育機関への働きかけを行っているとされる。メディアやシンクタンク等に人を送り込み、中国に有利な情報を発信させることも、統戦部が行う工作の一部であるという。また、在外公館も新聞弁公室と連携を取りながら文化交流等の事業を実施している。

中国のパブリック・ディプロマシーの最大の強みは、共産党独裁による実質的な一党統治体制のもと、予算や人員といった豊富な資源を、状況に応じて自在に投入できることにほかならない。いずれの国も、パブリック・ディプロマシー関連予算やネットワークの確保に苦労しているが、中国にとっては、何ら問題ではない。中国は一党統治体制下にあるからこそ、パブリック・ディプロマシーに大きな予算を投じることができ、国を挙げて多種多様な取り組みを展開できるのだ。

そして、共産党独裁体制の中国、つまりは米国のいう権威主義国家が実施する取り組みは、その対極にある民主主義国家の社会において、皮肉にも効果的に作用することがある。さらに、民主主義国家の政策決定者は、国民による選挙によって選出されるため、言論の自由が保証された世論を常に考慮しなければならない。政権がとりたいと考える政策も、世論が強く反対すれば、その実現は難しいのである。こうした状況は、権威主義国家の世論工作に対する、民主主義の脆弱性ともいえるものだ。

しかし、そうした中国の世論工作が、相手国政府によって排除あるいは制限される事案が、主に米国で頻繁に起こっている。これについては、次で紹介することとしたい。

広告「チャイナ・ウォッチ」の脅威

今日の米中関係は、「米中新冷戦」ともいえる構造へと変容した。米国は、自らの法律を用いて、米国市場からの中国製品排除を試みている。市場原理ではなく、安全保障上の理由に基づき、法的手段によって中国を排除し、市場を分割する試みは、冷戦構造の特徴の一つともいえる。

日本の報道では、米中対立を「貿易摩擦」といった経済的対立の文脈で報じることが多いが、実際の米中間の対立は、政治、経済、文化、教育等のあらゆる分野において散見されている。そして、いずれの分野においても中国のシャープパワーが用いられており、これを、米国は警戒し、すべての分野からの中国排除を行っている構造といえる。「米中貿易摩擦」という単純なものではない。

米国の中国排除の動きは、中国のなりふり構わぬ行動に対する危機感の表れである。例えば中国は、米国に対して、サイバー空間やテレビ、新聞等を用いた世論工作やプロパガンダ活動、さらにはスパイ活動といった、いわゆる「シャープパワー」を行使してきたが、米国はこれを「脅威」と受け止めた。2018年8月、米国は、トランプ大統領の署名を得て「国防権限法（NDAA）2019」を成立させ、米国政府機関が華為技術（ファーウェイ）や中興通訊（ZTE）、その関連会社との取引を禁ずるほか、中国の文化・教育分野での動向にも警鐘を鳴らした。米国は、法律を用いて、中国製品を米国市場から締め出し、中国の文化・教育活動を制限するという、本格的な対中強硬姿勢を示したのである。

米国の対中強硬政策のうち、とりわけ重要視されているのが、米国一般市民に一番近い教育界やメディア界での中国排除である。教育界といえば、全米に所在する中国政府の中国語教育機関である「孔子学院」は、米国から「スパイ活動を行っている」等と批判され、閉鎖の動きが加速している。

また、中国のメディア戦略については、トランプ大統領もＴｗｉｔｔｅｒ等で「中国のプロパガンダ戦略」等と批判し、米国政府が注視するところである。中国は、特にメディアを通じた対外発信には多大な努力を払ってきた。ところが、そのメディア戦略が、トランプ大統領のみならず、米国議会からも批判される等、米国社会で問題となってきたのだ。中でも、米国がシャープパワーとして警戒しているのが、中国が発行する広告「チャイナ・ウォッチ」である。

「チャイナ・ウォッチ」は、中国政府が運営するチャイナ・デイリー社が発行する広告だ。中国の従来のパブリック・ディプロマシーの手法の一つである。世界中の大手新聞社が発行する新聞に「チャイナ・ウォッチ」が折り込まれてきた。中国はあくまで「広告」としているが、一般的な広告とは姿形が全く異なる。構成は新聞記事と何ら変わらないし、政治・経済・社会・文化といった内容が中心なのだ。

この「チャイナ・ウォッチ」を発行するチャイナ・デイリー社は、１９８１年に北京で設立、２００９年９月にニューヨークに初進出を遂げ、それ以降は、活動の範囲を拡大させ世界展開す

一見新聞のように見える「チャイナ・ウォッチ」（写真：AP／アフロ）

るまでとなった。中でも米国における支局は最も多く、ワシントン、シカゴ、サンフランシスコ、ヒューストンといった大都市への展開を進め、プレゼンスを高めてきた。

そして「チャイナ・ウォッチ」についても、北米進出が顕著だ。「チャイナ・ウォッチ」の進出が顕著な地域は北米、欧州、豪州だが、米国では、西はロサンゼルス・タイムズ、シアトル・タイムズ、中西部はデモイン・レジスター、東はニューヨーク・タイムズ、ワシントン・ポスト、ウォール・ストリート・ジャーナルというように、西海岸から東海岸までカバーしている。このことからも、中国は世論工作対象として、米国に重きを置いていることがわかるだろう。

この「チャイナ・ウォッチ」がなぜここまで広く展開できているかといえば、「チャイナ・

ウォッチ」が「広告」だからである。「チャイナ・ウォッチ」を掲載、あるいは折り込む新聞各社には多額の広告費が支払われることになる。新聞各社にとって「チャイナ・ウォッチ」は広告収入を得るために掲載する「広告」に過ぎないのだ。「チャイナ・ウォッチ」は「広告」だからこそ、各地の新聞の中に入り込み、広く購読者の手に渡ることが可能となるわけだ。しかしその実態は、中国が自国の政策に資するよう、海外の世論にアプローチする手段となっている。「チャイナ・ウォッチ」に含まれる表現には、他国の主張を否定し、自国の正当性を主張するものが含まれる。

日本との関連でいえば、過去には、「チャイナ・ウォッチ」の内容を巡りたびたび日中間で問題となっている。2012年9月28日、中国は同月11日の日本政府による尖閣諸島の国有化を受け、ニューヨーク・タイムズとワシントン・ポストに「チャイナ・ウォッチ」を同時掲載し、「尖閣諸島は中国のものだ」と主張した。「広告」は一般記事に紛れる格好で2ページ見開きで大々的なものであった。「釣魚島は中国に帰属する」との見出しで、内容は、尖閣諸島がなぜ中国の領土であるのか等の理由で埋め尽くされた。広告の最上段には小さく「広告」と記されているが、あまりにも小さい。直下には大きく「ChinaWatch（チャイナ・ウォッチ）」「ChinaDaily（チャイナ・デイリー）中国日報」とあるため、普通に読めばほとんど「広告」とは気付かない。これもまた、対象を欺く中国のイメージ戦略の手法であり、その目的は、日米関係の揺さぶりであったと考えられる。

また中国は、米国内の政治動向に鑑み、自国の利益に資するように、「チャイナ・ウォッチ」を利用することもある。例えば、２０１８年11月の米国中間選挙を念頭に、「チャイナ・ウォッチ」を使ってトランプ支持層の切り崩しを図っていた。米中貿易によって米中対立が激化していた最中、２０１８年9月23日付の米国中西部アイオワ州の有力紙「デモイン・レジスター」に、４ページに及ぶ「広告」を折り込んだのである。「(米中の) 闘争は、貿易によって生み出される利益をむしばんでいる」という見出しで、内容は、トランプ大統領の貿易政策やそれによって被る米国農家の損害に関するものがほとんどだった。

アイオワ州は、米大統領選でも、民主党と共和党が激しく攻防を繰り広げる「スイング・ステート」の一つだ。農業が盛んな土地柄で、大豆の生産量は全米トップを誇っており、この地域の農家は、トランプ大統領にとって、大切な支持母体でもある。実際、２０１６年の大統領選では、大豆生産量上位10州のうち、９州がトランプ支持に回ったといわれる。こうしたアイオワ州の特性や米中貿易摩擦の実態に鑑みれば、デモイン・レジスターへの「チャイナ・ウォッチ」の折り込みは、中国製品に大幅な関税をかけたトランプ大統領に対する報復の手段であり、同年11月の中間選を睨《にら》み、トランプ支持層の切り崩しを試みてのことだったと推察できよう。

こうした中国の世論工作の実態を見てみると、中国は、効果的に海外の世論に働きかける術《すべ》を理解しているようにも見受けられる。自国のメディアを使って海外の世論にアプローチする場合、自国にとって「正しい」情報を伝えようとしても、伝え方を誤ると、独りよがりな発信となり、せっかくの対外発信も効力を失ってしまう。

そこで中国がとっているのが、「借り船戦略」である。他国の報道機関（＝船）を借り、自国の宣伝・世論工作を載せる（＝乗せる）という戦略だ。ニューヨーク・タイムズやワシントン・ポストといった海外の有力紙という著名で巨大な船に、自らも乗船してしまえば、はたから見ればそれはニューヨーク・タイムズやワシントン・ポストなのだ。読者は、中国の主張が同乗していても、気付かずにニューヨーク・タイムズの論調であるかと勘違いしてしまいかねない。

この「借り船戦略」のもと、中国は、工作対象国の社会に自国の論調を信じこませ、国際世論を味方につける工作を重ねてきた。一番問題なのは、中国が「世論に働きかけていること」ではなく、中国が、「借り船戦略」のように、世論を効果的に操作するアプローチの仕方を理解しており、それを実行している、ということなのかもしれない。

全米で排除される「孔子学院」

中国のシャープパワーの中でも、孔子学院は、米国の教育分野にマイナスの影響を与えているとして警戒の対象となっている。先にも紹介したが、ここでは、より詳しく見ていこう。

孔子学院は、中国指導部の指導を受ける中国語教育機関であり、中国教育部（日本では文部科学省にあたる）傘下の「国家漢語国際推進指導小組弁公室」（漢弁）によって運営される。中国の従来のパブリック・ディプロマシーを代表する手法の一つでもあり、中国語や中国文化といったソフトパワーを発信している。

孔子学院は世界中の大学等に設置されており、多くの現地学生が中国語や中国文化等を学ぶ場として注目を集めてきた。２００４年の韓国での開学を皮切りに、世界中で設置が進められ、新華社通信によれば２０１９年末までに世界１６２カ国・地域の計５５０に達した。日本でも多くの私立大学に設置されており、例えば立命館大学は日本で初めて孔子学院を設置したことでも知られる。孔子学院総本部によれば、全国の私立大学に15校が設置されている。

その孔子学院は、世界的に見ると、米国への進出が最も顕著である。全世界の孔子学院総数の約15%が米国に設置されているという状況だ。孔子学院総本部は、２０１９年末時点では、全米に85校が所在するとしている。これは、米国側の中国語の需要の高さを表すものだが、他方、中国が対米パブリック・ディプロマシーをいかに重要視しているかを表すものでもある。

孔子学院の設置には、大学側の同意と協力が不可欠だが、大学側にとって、財政面でも孔子学院設置は実に魅力的なシステムである。孔子学院が実施する中国語教育は、中国政府が資金提供を行う。孔子学院を１校設置するにあたって１００万ドル以上かかるとも、運営費は年間約20万ドル超ともいわれている。また台湾メディアによれば、孔子学院を設置した大学は、漢弁から、毎年10万~15万ドルの支出金を受け取れるとされる。経営状況悪化が叫ばれる大学にとっては、悪い話ではない。

中国語メディアの報道によれば、これまで中国政府は、開学以降、孔子学院事業に総額20億ド

米国内で閉鎖が相次ぐ「孔子学院」（写真：新華社／アフロ）

ルを優に上回る額を投じてきた。こうした受け入れ国の中国語学習のニーズだけでなく、大学の経営状況等をも上手く利用したシステムが、孔子学院が米国や世界中で増加してこられた理由にも関連する。

しかし、この孔子学院が、今では、米国でスパイ活動を行っているといわれるようになり、シャープパワーの一つであると警戒され、全米で閉鎖されているのだ。最盛期には、全米で120を超える孔子学院が開設されていたといわれるが、2014年ごろから徐々に閉鎖され、2019年に入ってからすでに、マサチューセッツ大学ボストン校、テネシー大学ノックスビル校、ミネソタ大学、モンタナ大学、ウエスタン・ケンタッキー大学、オレゴン大学、サンフランシスコ州立大学等において、孔子学院の閉鎖が決定した。

教育内容を巡っては、思想宣伝や政治宣伝を懸念する声が出始め、「中国政府の政治宣伝機関」といった声や、「学問の自由に反する」といった非難が広まり、大学教授協会（ＡＡＵＰ）等が全米の大学に対して、適宜孔子学院との契約打ち切りを促してきた。実際、中国自身が、孔子学院は中国の宣伝機関であることを認めている。欧米の報道によれば、２０１４年12月には、英国ＢＢＣ放送のインタビューを受けた中国教育部対外漢語教学発展センターの主任で、孔子学院総部の事務総長である許琳氏が、「我々の部門は、コロンビア大学やスタンフォード大学等はもちろん、地域の小学校等も含む、外国の学術機構に中国共産党の価値観を輸出するものだ」と述べているのだ。こうした中国の意図が明るみに出るにつれ、欧米で孔子学院排除の動きが加速したといえる。

閉鎖の動きを後押しする一人が、トランプ大統領との大統領選を戦った、あのマルコ・ルビオ上院議員である。同氏は、フロリダ州の複数の大学に対し、孔子学院との契約打ち切りと、他大学も契約打ち切りを検討するように要請した。その中で西フロリダ大学は２０１７年後半に、北フロリダ大学は２０１８年８月に閉鎖を決定した。

そしていよいよＦＢＩまでもが動き出すこととなり、孔子学院を捜査対象としたのである。さらには「国防権限法２０１９」等を用いて孔子学院を設立する大学への資金支援の停止を求めるという事態にまで発展している。

また、教育分野では、孔子学院のほかにも、全米の留学生団体もが排除の対象となっている。

中国人留学生は、統戦部が対米世論工作等に利用する主要な人的資源の一つである。例えば、米国に所在する中国共産党と関係が深いとされる中国の非営利団体「中米交流基金」が、ジョンズ・ホプキンズ大学高等国際問題研究大学院やテキサス大学等に資金提供して自らに有利な発信をさせようとしていたことを、そして中国人留学生組織である「中国学生学者連合会」が現地の中国人留学生にスパイ活動のようなことをさせている可能性を、それぞれ疑われている。２０１８年６月、米国務省が中国のスパイ活動や知的財産権の侵害の防止を目的とし、中国人留学生のうち航空工学やロボット工学等の最先端製造業分野を専攻する大学院生らのビザの有効期限短縮を決定する等、対応に追われている。

中国のシャープパワーとどう付き合うか

これらは中国のシャープパワーへの米国の危機感を表すものであるが、他方、こうした中国の対米政策は、決して新しいものではない。中国は、「公共外交」、つまりはパブリック・ディプロマシーの重要性に着目した時から、常に同じ考え方や手法をもって米国にアプローチしてきた。

中国の安全保障戦略の中には、「三戦」が掲げられている。三戦、つまり、世論戦、法律戦、心理戦である。経済活動や文化交流、人物交流等を通じて海外の世論に接近し、巧みに工作活動をすることで戦闘意思を取り除き、中国寄りに仕向けることが目的である。そのために中国は長年、中国共産党の指揮のもと、パブリック・ディプロマシーを用いて対象国の世論に働きかけ、自国のプレゼンスやイメージの向上を図ってきた。米国において中国は、ロビー活動をはじめ、多彩なメディア戦略や、シンクタンクとの連携、文化交流事業といった幅広い活動を継続して展開できたわけであるし、米国の認識も、当初は「中国のパブリック・ディプロマシー」であった。今でこそ、中国脅威論が増大したこともあり、シャープパワー等と警戒されるようになったのだが、中国にとってみれば、何ら新しい取り組みでも戦略でもないのである。

中国経済の急成長は米国の経済成長を後押ししてきたし、米国の繁栄にも貢献してきた。実際の米国世論も、対中好感度や信頼度は低いものの、引き続き付き合っていかなくてはならない、という考え方もある。

他方、中国は独自の秩序を作り出し、その体制はますます攻撃的となり、外交、経済、さらには軍事面でも、米国の地位を脅かし、米国が主導してきた国際秩序を塗り替えることを望んでいる。また中国は、次世代移動通信技術（5G）を用いた情報通信網構築を巡る主導権を手中に収めようとしており、もし実現すれば世界中の情報通信網が中国に支配されることになりかねない。こうした実態に、米国は危機感を募らせており、米国議会でも民主・共和両党の対中強硬政策が一致しつつあり、中国に対して米国全体が厳しい姿勢を示すようになった。

中国に対する恐怖心が、米国に頑なまでの対中強硬姿勢をとらせているという指摘もある。米国が中国の実力を正確に理解していないのではないかという懸念もある。しかし、恐怖心にかられた米国の対中強硬姿勢は簡単に変わりそうもない。こうした米国の動向に鑑みれば、今後中国は、米国における孔子学院等、従来のパブリック・ディプロマシーが、これまで以上に実施が困難な環境に置かれることが予想される。

しかし、中国は自らのパブリック・ディプロマシーを決して諦めないだろう。中国のシャープパワーは、中国の国家戦略である「中国製造2025」と深く関わっているからだ。「中国製造2025」は単なる経済刺激策ではない。中国は、2015年に発表した「中国製造2025」の中で、「強大な製造業を有することは、中国が世界強国になるための必須の道である」と述べている。中国の経済発展と、それを支える製造業の発展は、中国が覇権を握るためのものなのだ。だからこそ中国は、自らの攻撃的な意図を隠し、各国の中国の台頭に対する危機感を緩和して、中国の発展を支持させるよう、手段を選ばない世論工作を展開するのである。

今までのパブリック・ディプロマシーの手口がシャープパワーとして米国から排除されるなら、また違う手法で働きかけてくる可能性もあろう。中国政府は、その関与がよりわかりづらい形でアプローチしたり、インターネット等を介した世論工作を強化したりするかもしれない。

例えば、中国版決済アプリ等の新しいツールが海外で導入されるようになれば、その国の国民の行動や嗜好が把握され、世論工作に利用される可能性があるともいわれる。

そして、今後の日中関係にも注意が必要である。国際関係において、中国は常にバランスを取ることを試みる。そのため、米国からの圧力が強まり米中関係が悪化すれば、日本にすり寄ってくる。それは、米国陣営と中国との対立という事態を防ぐためである。中国は「米国の同盟国・

日本」に対する働きかけを強め、日本に米国との距離を取らせようとする。日米離反という状況こそ中国にとって望ましいものなのだ。日本は、中国の思惑を理解した上で、米国と中国とどのように付き合っていくべきか。どこまでがソフトパワーでどこからがシャープパワーなのかわかりづらくなっている中、難しい舵取りが必要とされるだろう。

中国による開発途上国「支援」の実態

これまで、主に中国の対米パブリック・ディプロマシーを中心に見てきたが、中国のパブリック・ディプロマシー戦略の全体像を把握するには、中国の開発途上国に対する働きかけも理解する必要がある。中国は、欧米や日本といった先進国に対するアプローチとは異なる目的を持って開発途上国に働きかけていると思われるからだ。異なる目的を持った行動を分析するためには、異なる視点を持たなくてはならない。

中国は、経済的支援を必要とする開発途上国に対し、経済援助や各種投資といった形式を用いて、一帯一路構想を通じたインフラ整備等を積極的に行っている。中国は、こうした政策やプロジェクトを、自国の経済発展に資するものとしてだけではなく、開発途上国からの支持を得て国際社会における中国の大国としての地位を確立するという目的を達成するための国家戦略の一部として展開しており、それと並行して、パブリック・ディプロマシーを展開しているのだ。

中国のパブリック・ディプロマシーは、相手国の脆弱性を突くものだという見方もある。中国が、欧米諸国を中心とした民主主義国家において、自由で開かれた議論や表現の自由、報道の自由、民主手続き等の脆弱性につけ込んだパブリック・ディプロマシーを展開することに価値を見出すとすれば、開発途上国においては、国内市場の小ささや、経済成長を海外からの援助に頼らざるを得ない財政状況等の脆弱性に利用価値を見出す。中国はこのような脆弱性につけ込み、経済援助や投資の受け入れ国政府に経済的圧力をかけて中国支持の姿勢をとらせるだけでなく、パブリック・ディプロマシーを通じて受け入れ国の社会が中国を支持するよう世論に働きかけたり、シャープパワーを使って政治介入やメディアによる宣伝活動を行ったりすることで自国の国家戦略や利益に資するよう仕向けている。

また、権威主義体制の中国には、民主主義国家とは別のプロセスをもってパブリック・ディプロマシーを仕掛けることができるという利点もある。それは、民主主義国家が、開発途上国に対し経済支援といった何らかの関与を行う際、透明性の確保やガバナンスという、いわゆる民主的手続きに時間をかけるが、その間に中国は、トップダウンで有無をいわさず、「一帯一路」構想の名の下に、対象となる地域において、中国と関係を構築することで得られる魅力を前面に出し、インフラ投資や市場拡大を行いつつ、親中派育成のための世論づくりを図ることができるのである。

このように、中国の開発途上国に対するパブリック・ディプロマシーは、これまで見てきた欧米に対するものとは事情が異なる。特に、「一帯一路」構想や安全保障戦略を実現させるために重要な役割を担うと見られる国や地域に対して、パブリック・ディプロマシーによって中国にとって都合の良い対中世論の形成を行っているのだ。こうした開発途上国に対するパブリック・ディプロマシーは、多くの場合、パターンも現地の反応も似ている。中国のパブリック・ディプロマシーを理解するためには、中国が重視する開発途上国における中国の経済支援等の実態を把握する必要がありそうだ。とりわけ、中国が「一帯一路」構想を含む国家戦略において重要視している、東南・南アジア、中央アジア、そして太平洋島嶼《とうしょ》国に対するパブリック・ディプロマシーの実態とその実情について見ていこう。

ASEANに見る中国の思惑

東南アジアの開発途上国において中国が展開するパブリック・ディプロマシーには、文化交流、人物交流等のソフトパワー戦略に加え、経済支援といった多様な「ツール」が使われているとされる。その狙いは、現地世論の対中支持の増加であると見られる。

こうした中国の思惑は、ASEANとの関係の中に透けて見える。ASEAN諸国にとって、中国は重要な貿易相手国であるが、他方、米国やEU、そして日本との関係も、経済や安全保障上の理由により、緊密で強固である。このためASEAN諸国は、長年、中国にとっての不安要素であった。中国にとって、自国の裏庭で存在感や影響力を保持することは、中国がこれらの地域に存在する豊富な資源や、インド洋へのより効率的なアクセスを可能にするためにも、重要なのである。特に、2013年10月24日に習近平主席が周辺外交工作会議を開いて重要講話を行い、周辺国との外交の戦略的意義について指摘して以降、東南アジア諸国に対しても種々の働きかけを強めてきた。

中国が、ASEAN諸国とのより強固な関係構築が必要との認識に立ち、パブリック・ディプロマシーを展開してきたこともその一環である。中国は、東南アジア諸国に対し、インフラ投資をはじめ、人道支援、財政援助、債務免除といった手段を用いて経済進出を果たしている。例えばカンボジアでは、2019年3月、首都プノンペンと南部の港湾都市シアヌークビルを結ぶ高速道路建設のプロジェクトが動き出した。投資額は20億米ドルで、2023年までに総延長約190キロメートルの区間を完成させるという。高速道路に関していえば、中国は、中国からインドシナ半島へと南北につながる南北経済回廊も建設中である。高速道路の起点は中国雲南省の昆明、終点はタイの首都バンコクであり、その総延長は2000キロメートルにも及ぶという。中国はまた、道路の建設に併せて橋梁《きょうりょう》等を建設することによって、地域の発展に貢献してきた。スリランカでは、国際空港の建造等に財政援助をしており、ラオスに対しては、2012年に国立国際会議場を約7200万米ドルの無償援助で建設する等、経済成長や国内インフラ整備における存在感を増大させている。さらに、ボランティア活動も行われており、その内容は、医療、農業、教育、スポーツ訓練事業等、多岐にわたる。こうした「支援」は各国において魅力的と受け止められることも多い。

しかし、これら中国の経済援助および各種投資事業の一部が、地元住民からの批判の対象になってきていることも事実だ。その理由は、環境破壊や経済的な恩恵を受けられない、中国からのインフラ事業が具体化しないといった不満である場合が多い。ベトナムでは中国のボーキサイト採掘事業に対して、またカンボジアやミャンマーではダム建設事業に対して、反対や抗議が起こったという事例もある。

さらに政府レベルでは、現在もなお、フィリピン、ベトナム、マレーシア、ブルネイが、南シナ海において中国と領有権を争っており、一方的な人工島の建設および滑走路、格納庫、レーダー施設の建設等、中国による南シナ海の軍事拠点化の動向や中国海空軍の行動の活発化は、安全保障上の脅威として欧米諸国や東南アジア諸国にとっての懸念事項となっている。

2015年のピュー・リサーチ・センターの調査によれば、中国がすでにASEANとの最大の貿易国になっているにもかかわらず、マレーシアを除く、インドネシア、フィリピン、ベトナムの大部分の国民が、米国とさらに緊密な経済関係を築くことが重要であると認識していることがわかった。フィリピンでは、73%の国民が米国との経済関係をより重要と考え、中国との経済関係がより重要であるとするのはわずか7%であった。ベトナムの状況も同様で、米国との経済関係がより重要であると考える国民が69%で、中国を重要と考える18%を大きく上回っている。

米中両大国の東南アジア地域に対する影響力に関しては、フィリピンおよびベトナムの71%の国民が、米国がより多くの軍事力を東南アジア地域に展開することが同地域の平和につながると

中国の軍事拠点化が問題となっている南シナ海（写真：EPA＝時事）

認識している。さらに、中国との関係に関しては、74％のベトナム国民、41％のフィリピン国民、38％のインドネシア国民が、中国との緊密な経済貿易関係を維持するよりも、領土紛争において中国に対してさらに強硬な態度をとることが重要であると認識している。

中国は、これらの国や地域での対中不信感を沈静化させる必要性からも、ソフトパワーだけでなく、経済的影響力といったハードパワーも動員して、各国世論に働きかけを行っている。政府レベルでは、中国が、これらの開発途上国に自国の要求を飲ませるべく、経済援助の削減や事業の中止等を持ち出し、圧力をかけるという、手荒な外交手法をとるのではないかという不安感も増大している。一旦出来上がってしまった経済的な中国依存体質は簡単に変えることができないからだ。こうした外交手法は、「最後通牒《つうちょう》外交（Ultimatum Diplomacy）」ともいわれるが、最近の定義でいえば、シャープパワーと定義付けられるかもしれない。中国に対する経済依存を深める国々は、常に中国の意向に配慮せざるを得なくなる。

とりわけ台湾問題と南シナ海問題に関して、中国はこの「最後通牒外交」の手法を用いて圧力をかけることが多いようだ。特に台湾の動きに、中国は敏感である。中国は、台湾が国際社会におけるプレゼンスを高め、各国と交流を図ろうとすることに懸念を示している。

過去には、２００６年のハノイでのＡＰＥＣ首脳会談にベトナムが台湾を招待したことを受け、中国はベトナムに対する経済援助を一時停止させ圧力をかけたこともあったといわれる。特に、２０１６年１月の総選挙以降、親中派といわれた馬英九氏率いる国民党を破って政権の座についた、独立志向が強いとされる民進党の蔡英文総統に対抗するために、中国の東南アジア諸国に対する圧力は一層強まっていると見られる。

また、南シナ海問題に関しては、中国は親中派の国に圧力をかけ、中国の主張を支持させているようだ。例えば、「親中派」とされるフン・セン政権下のカンボジアは、南シナ海における領土問題で中国寄りの立場をとるよう、中国から圧力をかけられていると考えられている。もしくは、カンボジアが中国に忖度《そんたく》して、中国支持の言動をとっている可能性もある。

実際、２０１２年のＡＳＥＡＮ外相会議の場では、南シナ海のスカボロー礁を巡る中国との紛争について、共同声明に盛り込むかの是非が問われたが、議長国のカンボジアはこれを認めず、

ＡＳＥＡＮとして初めて共同声明採択に失敗するという異例の事態が生じた。それ以降の外相会議においても、共同声明の南シナ海に関する文言を巡って、カンボジアは対中表現の緩和を求め続けている。中国はカンボジア等の親中派とされる国を利用して、全参加国の同意を原則とするＡＳＥＡＮに対中強硬姿勢をとらせない狙いがあると見られる。

反発はあるも「支持者」の宝庫、東南アジア・南アジア

こうした中国の働きかけと世論づくりは、政府レベルにとどまらない。一般世論に対してもソフトパワーを用いてアプローチしている。人物交流をはじめ、中国のテレビドラマや娯楽番組の東南アジア各国での放映、中国を主題としたフォーラム、中国文化祭りや映画祭、文芸公演等の開催といった文化交流、そして孔子学院やメディア戦略である。例えば中国文化部は、東南アジアおよび南アジア各国と文化交流・協力に関する覚書（ＭＯＵ）を結んでおり、その枠組みの中で、タイのバンコクに中国文化センターをオープンさせ、様々な文化関連イベントを行ってきた。また、ソフトパワー関連事業は地方政府レベルでも展開されており、雲南省は、国境を接するラオスやベトナム、ミャンマーといった国々に対して、奨学金制度の提供や、文化イベントの開催、テレビ局間の番組共同制作、南アジアとの博覧会の開催等、多種多様な事業を活発に行っている。

孔子学院事業も活発だ。２０１３年までに、アジアにおいて90の孔子学院および49の孔子課堂が設置されたといわれ、２０１９年末時点で、東南アジア地域では、タイに16、インドネシアに

8、フィリピンに5、マレーシアに5、シンガポールに1カ所の孔子学院が設置されている。中でも中国が重視しているのがタイである。孔子学院総数を見ても、東南アジアの中ではタイが特に多くなっている。2006年、タイのコンケン大学に最初に開校され、これを皮切りにチュラロンコン大学やカセサート大学等でも次々に開校された。それぞれの大学には提携先として中国の大学が指定され、教師の派遣や学術文化交流が行われているようだ。さらに、前述のバンコクに中国文化センターを設置し文化交流のハブとしていることも、中国指導部がタイを重視していることを示唆するものだといえよう。

アジア地域において、孔子学院の人気は高いようだ。比較的授業料が安く、地元の公立学校と比べても環境が良いというのが、人気の理由の一つとなっている。また、現地の若者層には、中国語を話せることで将来の仕事の幅が広がるとの認識から、中国語の需要も高い。さらに孔子学院は、奨学金制度を持ち、政府関係者や学者、ジャーナリストの招聘事業も行っており、これも人気の秘訣となっているのだろう。中国はこうした現地のニーズを睨んで、今後も孔子学院の受講者を大幅に増やしていく構えのようである。

教育分野でいえば、他にも、中国本国の大学のアジア分校の設立も進められている。中国蘇州の蘇州大学は、ラオスに分校を、福建省の厦門《アモイ》大学は、マレーシアで分校を開校した。後者に関しては、2020年までに年間約1万人規模の入学を目標としている。

さらに中国は、メディア戦略にも力を入れている。中国のタイに対する関心度の高さは、そのメディア戦略からも見て取れる。英国ガーディアンの報告によれば、タイの有力紙「ザ・ネーション」はチャイナ・デイリー社との契約を結び、「チャイナ・ウォッチ」の掲載を行っていた（2019年6月末をもって終刊となっている）。また中国は、『結婚迷走記：GO LALA GO』や『金太狼的幸福生活：Jin Tailang's Happy Life』といった中国映画を東南アジア各国で放映し、『三国志：Three Kingdoms』といったテレビドラマをタイ等で、『西遊記』『包青天』といったドラマをミャンマー等のテレビで放映して人気を博しているという。さらに中国のテレビ局が、フィリピン、マレーシア、カンボジア等のテレビ局やメディア会社と協定を結び、ドラマの放映等も行っているとされる。また、テレビ番組の共同制作も行われており、その枠組みの中で人的交流も行われているようだ。中国メディアによれば、こうした取り組みは、2017年頃に活発に行われている。

このように、東南アジアおよび南アジア地域における中国のパブリック・ディプロマシーには様々な形態があるが、中国にとっての最大の強みは、この地域における華人の存在といえるだろう。世界には約6000万人の華人・華僑が存在するとする報告や、そのうち約7割が東南アジアに集結しているとする報告もある。中国政府はこの巨大華人をターゲットとし、彼らが中国のコミュニティにアクセスできるような事業を展開しているのだ。例えば、新華社通信は、2000年代初めに「アジア太平洋計画」を打ち出し、華人の居住する東南アジアおよび南アジアの国々や地域において、現地のニーズに応じて中国語特別放送を行ってきたとの報告もある。

さらに中国は、これらの地域の仏教徒とのネットワーク構築も欠かさない。これまで、中国の仏教オーケストラをインドやシンガポール、インドネシア、マレーシアに派遣したり、世界仏教フォーラムを開催したりする等、あらゆる仏教関連事業を通じて、何千人もの仏教徒との交流が行われているとされる。「仏教外交（Buddhist Diplomacy）」とも呼ばれるが、中国が、相手国の世論に対し、中国は宗教の自由を享受し、仏教の教えのもと調和や平和を大切にする国であるとのメッセージを発出することを目的とし、実施される外交手法なのである。

中国は、東南アジア・南アジア地域に対し、これらの地域における中国の主導権を構築・拡大する狙いをもって、貿易、投資、援助、建設請負や労働力の提供といった活動を展開してきたが、現地の反発を招くことも多くなっていた。こうした現地の反感を和らげるために、ソフトパワー関連事業でもある孔子学院を開設し、中国映画やテレビドラマの放映等を含む文化交流を展開して、東南アジア各国における中国のイメージアップを図っている。こうした活動を展開する際には、国有企業や民間企業、大学、海外の華人等といった多様なアクターを動員し、自国に有利な環境づくりを行ってきたのだ。

他方、こうした努力にもかかわらず、中国のパブリック・ディプロマシーの試みには難航している部分もある。最近では、地域の地元住民のみならず、各国政府や有識者レベルでも中国に対する警戒感が高まりつつある。フィリピンのドゥテルテ大統領は、中国との領土問題を棚上げし、中国からの経済支援を優先してきた親中派として知られるが、２０１８年８月には中国の海洋進出等の問題に対し、初めて非難する姿勢を見せた。

　また、マレーシアも、中国に対して厳しい政策をとるようになった。ナジブ元政権下では、情報通信技術等の中国ビジネスを容認し、中国製レーダーやミサイルを導入していたが、政権交代後のマハティール政権下の国内では、対中依存度軽減を求める声も高まってきている。政権も中国と距離を置く姿勢を示しており、中国企業との高速鉄道計画やパイプライン計画を中止したり、拘束していたウイグル族11名に対する中国からの送還要請を拒否したりする等の政策をとっている。高速鉄道計画については、建設が再開されたものの、建設費用は大幅に圧縮された。

　シンガポールでも、中国のパブリック・ディプロマシーを非難する動きが出てきた。シンガポールの元外務次官ビラハリ・カウシカン氏が、2018年6月に開催されたシンガポールのS.ラジャラトナム国際関係学院（RSIS）が米戦略国際問題研究所（CSIS）等と共催したフォーラムにおいて、中国のパブリック・ディプロマシーを「心理操作」とし、シンガポール人に対し注意喚起した。

　さらに、中国はサイバー攻撃によって2018年カンボジアの総選挙への介入を行ったとされている。これは、中国のサイバー攻撃技術開発のための「予行演習」であったともいわれ、懸念が広がっている。中国が同地域に対する世論づくりの必要性を認識していることを示唆するものといえる。

　東南アジアおよび南アジア各国における対中不信や脅威論の増大は、今後も増大する可能性がある。南シナ海問題で妥協する見返りとして、中国の巨額な経済支援を取り付けたりしたとしても、中国のインフラ事業は具体化せず着工に遅れが出たりする場合が多い。また、中国の「秩序」自体が不透明であるため、中国に主導権が握られることに対する不信や不満は、今後も増大していくと考えられる。

しかし、これらの地域は、中国にとっての支持者の「宝庫」だ。自らの経済目標を達成するために重要となるばかりか、地理的、歴史的、文化的、宗教的背景も近く、多数の華人も居住する。中国は、この地域の世論をパブリック・ディプロマシーによって確実に掌握したいと望んでいるだろう。そして、そこには、「最後通牒外交」をはじめ、シャープパワー等のあらゆる「圧力」が行使され得ることも忘れてはならない。

中央アジアではエネルギー資源、ムスリムの支持が主な目的か

中央アジアは、歴史的、そして伝統的に、ロシアに起源のある地域だ。ロシア帝国の中央アジアに対する征服は16世紀に始まり、19世紀から1991年のソ連崩壊に至るまで、中央アジアはロシア帝国・ソ連の統治下にあった。ロシア帝国およびソ連から支配を受けたことは、地域の住民にとっては抑圧と感じることもあった一方で、文化や教育、経済面では、少なからずこの地域の近代化促進に寄与してきた。

中央アジア各国は、1991年のソ連解体の流れの中で相次いで独立を宣言したが、少なから

ずソ連時代にはソ連の国民としての誇りを共有しており、したがって独立の動きも、ソ連崩壊という予想だにしなかった事態への対応であったといわれている。そのため、中央アジアと中国との外交関係は、比較的新しいものとなる。中国がパブリック・ディプロマシーによって関係構築を図る地域の一つでもある。

そんな中央アジアに対する中国のパブリック・ディプロマシーは、上海協力機構（SCO）の枠組みにおいて発展していったとされる。SCOとは、ロシア、中国、カザフスタン、キルギス、タジキスタン、ウズベキスタンの6カ国で発足した協力機構である。その起源は、1996年4月に、国境地帯での兵力削減等の信頼醸成を目的に、ウズベキスタンを除く5カ国首脳が上海に集まって創設された上海ファイブにある。上海ファイブは、イスラム原理主義、国際テロ、分離主義、民族紛争、麻薬および武器の密輸、治安等に関わる問題を議論してきた。

2001年6月にウズベキスタンが加わり、上海ファイブはSCOに格上げされた。これに加え、中国の対中央アジア政策が変化するきっかけとなったのが、習近平国家主席が唱えた「シルクロード経済ベルト」の構築であった。「シルクロード経済ベルト」は、「一帯一路」構想の原点となるもので、「一帯一路」は、陸上の「シルクロード経済ベルト」と海上の「21世紀海上シルクロード」で構成される。2013年9月から10月にかけて習主席が中央アジアと東南アジアを歴訪した際、地域の国々に対して、この二つの共同建設を提唱したのだった。これ以降、中国は中央アジアを「シルクロード経済ベルト」イニシアチブのために重要な地域と位置付け、積極的にパブリック・ディプロマシーを展開していったと見られる。

さらに習主席は、この歴訪で、パブリック・ディプロマシーの一つの手法である人物交流事業の拡大を宣言した。習主席がカザフスタンのナザルバエフ大学において行った講演では、「人物交流による友好関係促進とより良い未来の創造」について語られたが、これは、「シルクロード経済ベルト」イニシアチブを促進するにあたって、中央アジアの世論からの支持と、中央アジア各国との良好な外交関係を構築する必要があったため、こうしたソフトパワーを用いた事業が必要とされたものだと考えられる。習主席は、中国が今後10年間で上海協力機構のメンバー国に対し、3万もの政府奨学金枠を提供し、孔子学院に所属する1万人の教員や学生を中国に招聘し、さらに、ナザルバエフ大学の教授陣や学生ら200人を中国に招聘してサマーキャンプを実施する等と発表し、力強いパブリック・ディプロマシー戦略を打ち出したのだった。

このように、中国が中央アジアとの関係構築と深化を図るのは、様々な戦略的理由があると考えられるが、その大部分は、エネルギー等の資源確保や、ムスリムに対する世論づくりであるという見方が強い。特に中央アジアに居住するムスリムは多く、彼らは、新疆ウイグル自治区およびその周辺国（カザフスタンやキルギス、タジキスタン等）のムスリムと、言語や宗教、文化、伝統等が共有される。こうした歴史的背景や地政学的重要性が見出され、中国は中央アジアにおけるムスリムへの働きかけを重要なパブリック・ディプロマシーの一つと考えているようだ。さらに、この地域のムスリムが、中国の新疆ウイグル自治区のムスリムの独立等の考えや動きに対する支持に回ることを恐れ、両側のムスリムの連携の強化を未然に防ぎたいという、中国の思惑もうかがえる。

ここで特筆すべきは、中国の対中央アジアパブリック・ディプロマシーが、東南アジアに対するパブリック・ディプロマシーとよく似ているということである。中央アジアでも、中国は経済援助や投資、貿易等、経済活動を行い、それと同時進行で文化交流や人物交流にも手を伸ばしている。

習主席が一帯一路を提起した2013年頃、中国の中央アジアに対する経済協力の主要分野は、交通、エネルギー、電力、通信の4分野であり、中でも、道路およびパイプラインといった、中国に物理的に連接されるプロジェクトを中心にした経済協力が多く行われていた。一方で、トルクメニスタンを除く中央アジアのカザフスタン、ウズベキスタン、キルギス、タジキスタンには、銅、亜鉛、鉛、クロム、マンガン、水銀、モリブデン、タングステン、チタン、レアアース、金、鉄、ウラン等の鉱物資源が豊富であり、中国も、こうした鉱物資源に関心を持ち、その探査や開発においても協力している。一方の中央アジアは、これらの事業が自らの経済成長に貢献していると認識している。また、中央アジア各国は、中国に対する貿易面での期待も大きい。双方は重要な経済パートナーになっているということでもある。

エネルギー資源の豊富な中央アジアに対する中国の関与は、現地市場を開放し、輸出ルート拡大を実現させており、さらには鉄道や道路、パイプライン建設といったインフラ投資による恩恵もあり、中央アジアにおいてプラスの効果を生んでいるとの見方もある。こうした考えから、中央アジア政府関係者は、中国の政策には歓迎する姿勢を見せている。実際、中国と中央アジアのエネルギー分野における貿易額は過去10年間で100倍以上（1992年4億6千万ドルから2012年460億ドル）に膨れ上がっている。

しかし、これも東南アジアと同様、こうした中国の経済進出が、やはり現地で反中感情を醸成することにもなってきている。最近では、タジキスタンやキルギスにおける中国の事業に対し、地元住民から、環境が破壊されるのではないかといった懸念や、こうした事業の恩恵を地域住民が受けていないといった反発がもとで、暴動に発展した事例もあると報じられている。地元住民や有識者レベルでは、中国の急速な進出には懐疑的な見方もあるというのが現状のようだ。中国人労働者らの流入や、中国系工場での劣悪な労働環境、中国人ビジネスマンによるロビー活動の増加、さらには土地や環境破壊等、様々な問題が浮上し、その度に対中不信感が増大している。それが次第に反中感情へと成長し、反中デモにまで発展しているとの報告もある。こうした反中感情は、鉱業関連での中国の関与とそれに対する不信が大きいカザフスタンやキルギスで最も多いとされる。

そうした中、現地のネガティヴな対中世論を抑え込むべく、中国は中央アジアでも文化交流や人物交流を行い始めている。地方政府レベルでも、ムスリムに対する働きかけのために各種活動を行っており、文化交流やスポーツイベントを開催したり、現地の学生らに対して特別認定奨学金プログラムを実施しているとされる。

中国政府はまた、ソフトパワー関連事業を展開している。中央アジア5カ国に中国を加えた6カ国によるシルクロード世界遺産登録の共同申請に向けた取り組みは、各国間で隔たりがあるものの、2003年頃から実行されている。

また、中国政府は、中央アジア地域でも孔子学院を重視している。現在では、カザフスタン5校、キルギス4校、ウズベキスタン2校、タジキスタン2校と、合わせて13の孔子学院が中央アジアに所在する（2019年末時点）。孔子学院はこの5年間で増え続けており、入学希望者数も増加傾向にあるようだ。孔子学院の設置場所やその数を見ると、中国がどの国や地域を重視しているのかが読み取れる。中央アジアにおいては、中国との関係は特に経済面で活発であり、かつ、地元住民からの反中感情が高まっている国や地域に孔子学院が設置される傾向にある。特にカザフスタンは、地域の中では最も孔子学院の数が多いが、地域の特性を見ると、同地域は豊富な資源を有しており、中国との関係も深いことがわかる。

中国は、こうした経済関係の発展が見込まれる国を中心に進出を試みているが、中国のプレゼンスは逆に現地の中国系工場の劣悪な労働環境や安い給料に対する住民の不満を生んでいるようだ。地域住民の反発は、中国が一方的に経済的利益を追求した結果ともいえる。相手国の世論が中国に批判的な論調に傾くと、中国はソフトパワー戦略をもって対中世論づくりを進めるのである。相手国の経済・政治・安全保障上の状況を見ながら、中国はソフトパワー関連事業の重み付けを行っていると考えられる。

その他にも、中国政府主導で、文化イベントやスポーツイベントが開催されているが、中央アジアにおける中国のソフトパワー戦略は、やはり孔子学院が最重要拠点であるとの見方もある。中国はこの地域において、将来、両国の経済関係促進のため、また、国際社会における中国支持を拡大するために、有用かつ有望と見られる若者の発掘と親中派の育成に積極的だということであろう。

太平洋島嶼国でも高まる中国のプレゼンス

中国が、開発途上国に対する経済支援と同時に、パブリック・ディプロマシーを展開するといった状況は、太平洋島嶼国でも顕著だ。

太平洋島嶼国と聞いて、それはどこにあるのか、日本とどういった関係があるのか、日本ではまだ認知度が低い。実は同地域は日本と深い歴史的関係を有しており、安全保障上も重要な地域でもあるのだ。太平洋島嶼国地域は、歴史的には親日的な国が多く、水産やエネルギー等の資源の海上輸送路でもある。また、外交レベルでは「太平洋・島サミット」が有名で、１９９７年から3年ごとに開催され、太平洋島嶼国が直面する様々な課題について首脳レベルで議論が行われる等、日本にとって重要なパートナーでもあるのだ。

その太平洋島嶼国地域において、中国はここ数年のうちに急速にプレゼンスを拡大させている。太平洋島嶼国の多くは、GDPの大部分を外国からの援助に頼っている。そのため、中国からの経済援助は欠かせないのだ。2006年から始まった「中国・太平洋島嶼国経済発展協力フォーラム」を通じて、中国からの支援が格段に伸びてきた。多額の融資や、奨学金支援、政府職員や技術専門家の育成支援、訓練プログラムの実施・拡充が行われてきた。支援額は、2005年の400万ドルから5年あまりで約40倍に拡大した。また、中国は観光ビジネスにも力を入れており、2040年までに中国からの観光客約100万人を太平洋島嶼国11カ国に呼び込むことが可能になるとの見方もある。

さらに中国は、パラオ、フィジー、パプアニューギニア、サモア、バヌアツといった島嶼国に対し、軍事をはじめ、漁業、文化、教育、医療病院、村落開発といった支援を幅広く行っている。

こうした経済支援の一方で、中国は、太平洋島嶼国地域に対してパブリック・ディプロマシーを同時進行で行っている。例えば、フィジー、トンガ、バヌアツ向けに、CCTVの無料放送を行っているし、2012年にはフィジー南太平洋大学において孔子学院を開設し、バヌアツおよびクック諸島では孔子課堂も稼働させ、中国語教育を行っている。

なぜ中国は、太平洋島嶼国地域において自国の影響力を拡大させるのか。その目的は、主に、台湾の孤立化、米国の軍事行動阻止、海洋資源の開発の三つにあるといわれている。

一つ目の台湾の孤立化は、台湾と外交関係のある国の多くが、太平洋島嶼国に在ることに基づくものだ。中国は、台湾統一を成し遂げなければ国家統一が完成しないと考えている。中国共産党の統治の正統性にも関わる問題なのだ。台湾側が統一に合意することが難しい状態にあっても、少なくとも国際社会が台湾を「国家」と認めないようにしなければならない。台湾を国家と認める国がある限り、中国が「台湾は中国の一部」という中国の主張に説得力はない。中国は、台湾と外交関係のある太平洋島嶼国に台湾と断交させ、中国と外交関係を樹立させる必要があるのだ。

南太平洋島嶼国12カ国のうち6カ国（キリバス、ソロモン諸島、ツバル、ナウル、パラオ、マーシャル諸島）が台湾と外交関係を結んでいた。その他の、バヌアツ、ミクロネシア連邦、パプアニューギニア、サモア、フィジー、トンガ等は中国と外交関係を有している。台湾と国交を結んでいる世界17カ国のうち約３分の１が太平洋島嶼国に集まっていたのだ。しかし、２０１９年９月16日にソロモン諸島が台湾と断交し、同月20日にはキリバスが台湾と断交した。この結果、台湾と国交を結んでいる国は、わずか15カ国にまで減少し、太平洋島嶼国は残り４カ国となった。

日本のメディアは、台湾の呉釗燮（ごしょうしょう）外交部長（外相に相当）の発言として、「台湾が入手した情報によれば、中国政府はすでにキリバスに複数の航空機や商業用フェリーの調達資金を提供すると約束し、外交関係の対象を変更するよう促した」と報じている。太平洋島嶼国でも、経済的影響力をも駆使した国交争奪戦が繰り広げられているというわけである。

二つ目の米国の軍事行動阻止は、西太平洋における米軍の行動に対する牽制である。太平洋島嶼国には、南シナ海から太平洋へ出るためのシーレーンが通っている。また、この地域の一部は第一列島線（日本～台湾～フィリピン～ボルネオ島）、第二列島線（日本～グアム～サイパン～パプアニューギニア）をそれぞれ構成しており、太平洋島嶼国全体としては米国太平洋司令部が所在するハワイの南側に広がっている。自国に対する米国の軍事力行使を恐れる中国にとって、太平洋島嶼国は、中国海空軍が西太平洋における活動を拡大して、米軍の行動を牽制し、自国への接近を阻止するために、地政学的に極めて重要な位置に存在するのである。さらに中国が太平洋島嶼国を掌握しようとすることには、米国の豪州に対するアクセスを阻止する狙いもあるといわれる。米国とその同盟国である豪州の軍事的連携を物理的に遮断するということだ。

三つ目の海洋資源の開発とは、太平洋島嶼国地域の広大な排他的経済水域（ＥＥＺ）における豊富な漁業・資源開発を念頭に置いたものである。太平洋島嶼国地域は、パプアニューギニア等、鉱物資源の埋蔵量が豊富な資源大国もあれば、キリバスやナウル等、リン鉱石が採れる国もあるし、ミクロネシアやマーシャル諸島のように、水産・漁業資源が豊富な国もある等、海洋資源・鉱物資源の存在状況がそれぞれ異なるため、国によって様々な資源開発の可能性があるのだ。

他方、パラオやトンガ、マーシャル諸島等の一部の太平洋島嶼国では、中国の勢力が拡大するにつれて、対中不信や警戒感も見られるようになってきた。中国人観光客や中国系企業、中国人労働者の増加に伴い、現地の雇用改善につながっていないことに対する反発や、「債務の罠」への懸念、環境破壊等の問題に対する警戒感が、地元住民に広がっているようだ。

中国は、太平洋島嶼国の地政学的重要性や海洋資源発掘の可能性を見出し、経済支援やパプリック・ディプロマシーを通じた関与を強め、ここ数年の間に地域におけるプレゼンスを格段に高めてきた。一方、現地の反応をないがしろにした、なりふり構わぬ中国の援助や投資といった経済活動は、現地の対中不信感や疲弊感を高めている。さらに、経済的影響力を行使して太平洋島嶼国の支持を得ようとする中国の動向に、米国や豪州、ニュージーランド等が警戒感を募らせている。

こうした構造には、これまで見てきたアフリカ、東南アジアや南アジアといった地域と中国との関係に相似が見られる。中国の働きかけが進めば、中国の動向に対する現地の対中不信等が増大するという一連の流れは、太平洋島嶼国地域においても同様である。

中国は、これらの国や地域における対中不信や反発の状況を受け、経済援助による影響力行使に行き詰まりを覚えているともいえ、こうした反中感情を抑え込むため、シャープパワーを用いることも予想される。日本を含め、国際社会は、これらの国や地域に対する中国の動向を注視する必要があり、各々の太平洋島嶼国に対する政策においても、連携を図ることが望まれる。

第3章

韓国の「反日」活動、主戦場は米国

全米に設置される慰安婦像

韓国による国際社会での「反日」は、とりわけ、慰安婦問題において顕著である。慰安婦問題を国際化し、国際世論を味方につけて日本に圧力をかける、という手法が目立ち始めたのは、1990年代と考えるのが妥当だろう。この時期には、1982年9月に朝日新聞が最初に報じたいわゆる「吉田証言」を巡る動き等、慰安婦問題を巡る言論が活発化していた。

1992年1月11日、朝日新聞が朝刊1面で「慰安所 軍関与示す資料」を報じた。この記事は、吉見義明中央大学教授が1991年12月下旬に、防衛庁（現在の防衛省）防衛研究所図書館で同資料の存在を確認したことを受け、防衛研究所図書館所蔵の公文書に、旧日本軍が戦時中慰安所の設置や慰安婦の募集を監督、統制していたことや、現地の部隊が慰安所を設置するよう命じたことを示す文書があったとの内容を報じたものだ。当時の首相や官房長官らも、度重なる謝罪をしていた。

そして、1993年8月、河野洋平官房長官（当時）が慰安婦募集の強制性等を認めた「河野談話」を発表し、1995年8月、村山富市首相（当時）が出した談話の中で、慰安婦問題に対する「心からの深い反省とお詫びの気持ち」を表明した。しかし、問題は国際舞台にまで広がり、1996年4月には、国連人権委員会が慰安婦を「性奴隷」と呼称して、その数を「20万人」等と記述し、元慰安婦への国家補償等を勧告したいわゆる「クマラスワミ報告」が採択され、

全米に建つ慰安婦像・碑

2010年 10月	ニュージャージー州 パリセイズパークの公立図書館前	慰安婦碑	＊全米初の 慰安婦碑
2012年 6月	ニューヨーク州 ナッソー郡アイゼンハワーパーク	慰安婦碑	
2012年 12月	カリフォルニア州オレンジ郡ガーデング ローブのショッピングモール前	慰安婦碑	
2013年 3月	ニュージャージー州バーゲン郡 ハッケンサック市の裁判所前	慰安婦碑	
2013年 7月	カリフォルニア州ロサンゼルス郡 グレンデール市私有地の公園	慰安婦像	＊全米初の 慰安婦像
2014年 1月	ニューヨーク州 ナッソー郡アイゼンハワーパーク	慰安婦碑	
2014年 5月	バージニア州 フェアファックス郡庁舎敷地内	慰安婦碑	
2014年 8月	ニュージャージー州 ハドソン郡ユニオンシティの リバティプラザ市立公園	慰安婦碑	
2014年 8月	ミシガン州デトロイト市 サウスフィールドの 韓国人文化会館の前庭	慰安婦像	
2017年 6月	ジョージア州 ブルックヘブン市の公園	慰安婦像	
2017年 9月	カリフォルニア州 サンフランシスコ市中華街にある セントメリーズ公園	慰安婦像	
2017年 10月	ニューヨーク州 ニューヨーク市マンハッタンにある 韓人移民史博物館内	慰安婦像	＊米国東部で 初の慰安婦像
2018年 5月	ニュージャージー州 バーゲン郡フォートリーの公園	慰安婦碑	
2019年 10月	バージニア州 アナンデールの私有地	慰安婦像	

1998年8月には、国連人権小委員会が慰安所を「レイプ・センター」と表記した「マクドゥーガル報告書」を採択した。

2000年代にはついに、舞台が米国に移った。2006年9月の米国下院国際関係委員会における慰安婦問題に関する対日非難決議の可決、および、それに続く2007年7月の米下院本会議における同決議の可決は、日本のみならず、米国をはじめとする国際社会にも衝撃を与えた。それ以降、韓国が慰安婦問題を米国で語る時の「アイコン」として使用され始めたのが、慰安婦像・碑である。これまで、米国において設置されてきた主な慰安婦像・碑は、前頁の表の通りである。

かくして、米国は慰安婦問題の主戦場と化した。在米日本総領事館や市民団体からの反対がある中でも、2010年頃から全米で慰安婦像および慰安婦碑が多数設置されてきた。特に、韓国・ソウルの日本大使館等に設置されている「平和の少女像」が持つ象徴的意味や影響力は強い。そのため、全米で慰安婦像の設置運動を広めることが、韓国系米国人団体の活動の悲願ともなっている。

慰安婦像が設置されれば、米国では必ず「除幕式」なるものが開催される。「除幕式」のスタイルは各々異なるようだが、関係する韓国系団体や米国議員、メディア関係者らが出席する。最近設置された慰安婦像の中でもとりわけ注目が集まったのが、2017年9月にカリフォルニア州サンフランシスコ市に設置された像である。この像は、これまでの少女像とは異なる佇まいを

2017年9月、サンフランシスコに設置された慰安婦像（写真：時事）

していることでも話題となった。朝鮮半島、中国、フィリピン出身の3人の少女たちが背中合わせで手をつないで円になっており、そのそばには、韓国の運動家であった金学順（キム・ハクスン）と思われる女性の銅像が、まるで幼い頃の自分を見つめるかのように彼女らを見上げるような格好で設置されている。

この像もまた、米国社会にインパクトを与えたが、さらに日本国内にも衝撃を与えたのが、2018年10月、大阪市がサンフランシスコ市と60年以上続いた姉妹都市関係を解消したことだった。これには、サンフランシスコ市のエドウィン・リー市長（当時）が、2017年11月に慰安婦像の寄贈受け入れを承認したことを受け、大阪市がサンフランシスコ市に対して承認を撤回するよう書簡で求めていたが、期限までに回答が得られなかったという背景がある。

慰安婦問題は、あくまで日韓間の問題である。ところが、この問題の韓国にとっての解決は、慰安婦問題を国際化して日本を孤立させ屈服させることによってしか得られないと考えたようである。こうした認識に立ち、韓国は慰安婦問題について国際社会に広く訴えて、米国をはじめとする国際世論を用いて日本を圧迫し、日本政府の公式謝罪を繰り返し求めるのだ。２０１２年韓国大統領選挙に当選した朴槿恵政権は、国内世論の支持を得るために、ことさらに反日を強調し、国際世論を用いて日本に圧力をかけるという手法を頻繁に用いるようになった。その舞台は、日韓両国の同盟国・米国である。韓国にとっては、慰安婦像設置運動が全米で広まり、全米に設置されることにこそ意味があるのだ。その詳細は、後の章で見ていくこととしたい。

「対日非難決議」と呼ばれた米国下院１２１号決議

慰安婦問題について、日本に対する国際社会の見方は、おおよそ批判的なものが通説となっている。「クマラスワミ報告書」や「マクドゥーガル報告書」は、慰安婦を「性奴隷」だとし、とりわけ「マクドゥーガル報告書」は「強姦所」の文言が入る等、過激な表現を用い、慰安婦問題における日本の対応を非難したものとなっている。

さらに、日本にとって打撃となったのは、２００７年7月30日に米国下院本会議で採択された「下院決議１２１号」と呼ばれる決議であった。「対日非難決議」や「慰安婦決議」とも呼ばれる同決議は、わずか８名の議員によって可決された。その内容は、「１９３０年代から第二次世界大戦の最中、日本軍が若い女性に性奴隷となることを強制した」とし、日本政府が責任を認め謝罪すること等を要求するものだ。この決議に拘束力はないものの、今なお一定の影響力を持ち続けている。例えば、同決議の採択を記念する集会が、毎年のように首都ワシントン等で開催されており、参加した議員らが日本に対して謝罪を求めたり、第二次世界大戦の性奴隷の尊厳回復等の目標が掲げられたりするのが慣例となっている。

この決議、慰安婦問題というだけに、韓国の関わりが強いようなイメージを持ってしまうが、実は背後で韓国系米国人団体を支援していたのは中国系の組織である。カリフォルニアに本拠地を置く、中国系米国人団体の「世界抗日戦争史実維護連合会」(抗日連合会)だ。そしてその旗振り役となって動いたとされるのが、マイク・ホンダ米下院議員(民主党)だ。

マイク・ホンダ元米下院議員
(写真:時事)

ホンダ議員(当時)はカリフォルニアを選挙区とした日系米国人だが、歴史問題を巡っては日本に厳しい態度を示してきており、中国系や韓国系に近い立場をとってきた。同氏は、カリフォルニア州の議員になった1996年ごろから抗日連合会との交流の機会を増やし、同会の主張を支持してきたといわれる。そして2000年に連邦議会下院選挙に立候補し当選した際には、抗日連合会による全面的な支援(献金を含む)を受けたとされた。かくして、ホンダ氏が当選してすぐに対日非難決議案の採択に向けた動きが加速していったのであった。

日本においては、この対日非難決議は、「敗北」や「屈辱」であると受け止められてきた。同決議採択までの過程や「クマラスワミ報告書」作成過程において、「吉田証言」が重要な役割を果たしたといわれる。また、当時のニューヨーク・タイムズ等の海外有力メディアでも、「吉田証言」は度々取り上げられた。「吉田証言」が、韓国の活動や国際社会の「認識」に大きな影響を与えていたことは否めない。さらに現在でも、日本のメディアだけでなく政治や世論に対する影響は残っている。国内政治や外交の場においても、日本は、「吉田証言」がもたらした結果に翻弄《ほんろう》され続けているともいえる。

歴史認識を巡る問題で米国有力新聞が日本批判

米主要メディアの一部は、安倍政権の政策の中でも、韓国との歴史認識に関する問題に対する姿勢や政策について、批判的な立場をとる傾向にある。こうした米メディアの論調は、2012年末の第二次安倍政権発足当初から絶えず続いている。安倍首相は、自民党総裁選に出馬した当初から、いわゆる1993年の河野談話の見直しを主張していた。河野談話とは、慰安婦の強制連行に旧日本軍が関与していたと認め、政府として「心からのお詫びと反省の気持ち」を表明したものである。安倍政権が発足するやいなや、すぐさま河野談話見直しの議論を始め、日本の植民地支配と侵略を認め「心からのお詫び」を述べた1995年の村山談話を、2013年4月の参議院予算委員会において「安倍内閣としてそのまま継承しているわけではない」と答弁した。

そして安倍首相は、政権発足1年となった2013年12月26日に靖国神社を参拝した。2014年6月には、日本政府が、河野談話作成過程等に関する検討チームの報告書『慰安婦問題を巡る日韓間のやりとりの経緯～河野談話作成からアジア女性基金まで～』を公表する等、安倍政権が主張する「正しい」歴史認識を巡る議論を加速させていた。

こうした動きに対して、中国や韓国は強く反発した。しかし、反発したのは中国や韓国だけではなかった。米国までもが日本の主張に疑問を投げかける事態へと発展してしまったのだ。米国社会からは、日本は第二次世界大戦で行ったことを正当化し、事実を隠蔽し、謝罪を撤回しようとしているのではないか、といった反応が噴出したのである。

こうした米国社会の反応は、特に、米主要メディアの論調からうかがうことができる。中でも同時期のニューヨーク・タイムズ等の安倍政権に対する論調はかなり批判的だった。安倍首相を「ナショナリスト」や「歴史修正主義者（レヴィジョニスト）」であると断じ、「安倍首相は性奴隷の問題を含む第二次世界大戦時代の日本の侵略の歴史と謝罪を書き換えようとする、極めて深刻な間違いを犯そうとしている」とか、「右翼でナショナリストの安倍（首相）は、1995年の村山談話を新たな未来志向の談話に置き換えたいと述べている」（2013年1月3日付社説）等と、極めて厳しい表現で安倍首相を非難し続けたのである。こうした安倍首相批判がさらに強まるきっかけとなったのは、2013年12月の安倍首相による靖国神社参拝だった。中国や韓国は即座に批判し、米国政府もが「失望した」との声明を出した。安倍首相がモーニング姿で靖国神社を参拝する写真や映像は、安倍首相の「ナショナリスト」としてのイメージを鮮明に映し出す結果となり、世界で大きく報じられた。

ニューヨーク・タイムズの安倍首相批判がさらに激しさを増したのは、2014年に入ってからである。ニューヨーク・タイムズは、社説等において、日本の動向、特に歴史認識に関わる動きが、かなりの頻度で取り上げられるようになっていた。一般にニューヨーク・タイムズが日本を中心に取り上げて報じることは少ないが、この時期、同紙編集部の論調を示す社説において日本の歴史認識が頻繁に取り上げられたことは、日本のイメージにとって深刻な問題であった。

とりわけ、安倍政権の慰安婦問題等の歴史認識を巡る動きに対するネガティヴな論調が目立ち、"whitewash"という言葉も多用された。"whitewash"とは、欠点等を「ごまかす」という意味を持ち、対日非難に非常に厳しい言葉が選ばれたといえる。

さらに、日本の打撃となったのが、2014年11月16日付の同紙の社説だ。「The Comfort Women and Japan's War on Truth（慰安婦と日本の真実との戦い）」との見出しで、大きな挿絵がついているのだが、そのイメージが少々強烈なものであった。長い黒髪の裸の女性が、上半身を起こし、納屋のような造りの家の中に差し込んでいる日の光を浴びている情景が描かれているのだが、その太陽と日差しが、旭日旗に見立てられていたのだ。「慰安婦女性」と「日本」との関係をイメージさせる構成となっている。社説ページの見開きがこの挿絵のために目一杯使われ、大きく掲載されたのだ。「安倍政権は、歴史修正を日本の戦中の名誉と国民的な誇りを回復するためのものとして不可欠としている」としつつ、「この行為は人権侵害に対する国際的取り組みと相反するものであり」、「特に米国は、同盟国である日本に、人権や女性の権利の問題は米国の外交政策の根幹であると認識させる必要がある。そうしなければ、我々が日本の否認主義(denialism)に加担することになる」と安倍政権の取り組みを米国の視点を交え強く非難した。

ニューヨーク・タイムズの社説で大々的に日本が批判されることは、米国社会の対日イメージに対し、少なからずマイナスに作用したと考えられ、米国社会における対日イメージの悪化は、米国社会においてだけでなく、国際社会における日本の立場も悪化させる結果をもたらしたといえよう。

こうした米国の反応は、おおよそ決まったタイミングで出ることが多い。そのタイミングとは、米国内における慰安婦像・碑の設置のタイミングではない。そもそも米国では、現地の慰安婦像・碑の設置の動きを含め、日韓の歴史認識を巡る問題自体が注目され、メディアが取り上げることは意外と少ない。現地の米国民にとっても、はるか極東の日本と韓国が歴史認識を巡って論争していることに対して、関心が低かったり知識が乏しかったりすることは仕方がないことでもあろう。

かえって反発招く日本の「反論」

　では、米国の反応は何をきっかけに表出するのだろうか。それは、韓国の反日活動に対する日本の抗議であるように見受けられる。何らかのタイミングで日本政府が前面に出て強硬に反論すれば、その様子が感情的でまるで言い訳をしているのではないかと捉えられ、批判されてしまうのだ。例えば、２０１０年にニュージャージー州パリセイズパーク市に設置された全米初の慰安婦碑に関し、２０１２年5月、在ニューヨーク総領事館や自民党議員らが撤去を求めた際、米国FOXニュース等が、日本の対応や反応について厳しい立場で報じた。かえって慰安婦問題や、それに対する日本政府の対応が全米に発信されてしまったのである。

　日本の「反論」主体の発信はこれだけではなかった。２００７年の対日非難決議の採択の際にも、ワシントン・ポストに日本の団体が、「慰安婦募集に日本政府や軍の強制はなかった」とか、「慰安婦は性奴隷ではなかった」といった内容の意見広告を出したが、逆に米政界から反発が噴出してしまったことがあった。

　また、日本の反論投稿が、米国の地方においても反発を生んだ事実もある。２０１２年、米国では、ニューヨーク・タイムズに日本政府に慰安婦への謝罪を求める韓国の徐敬徳（ソ・ギョンドク）誠信女子大学教授らによる意見広告が掲載される等の動きがあったが、日本側も米国地方紙に反論の意見広告を出した。その地方紙とは、ニュージャージー州の地元紙「スター・レッ

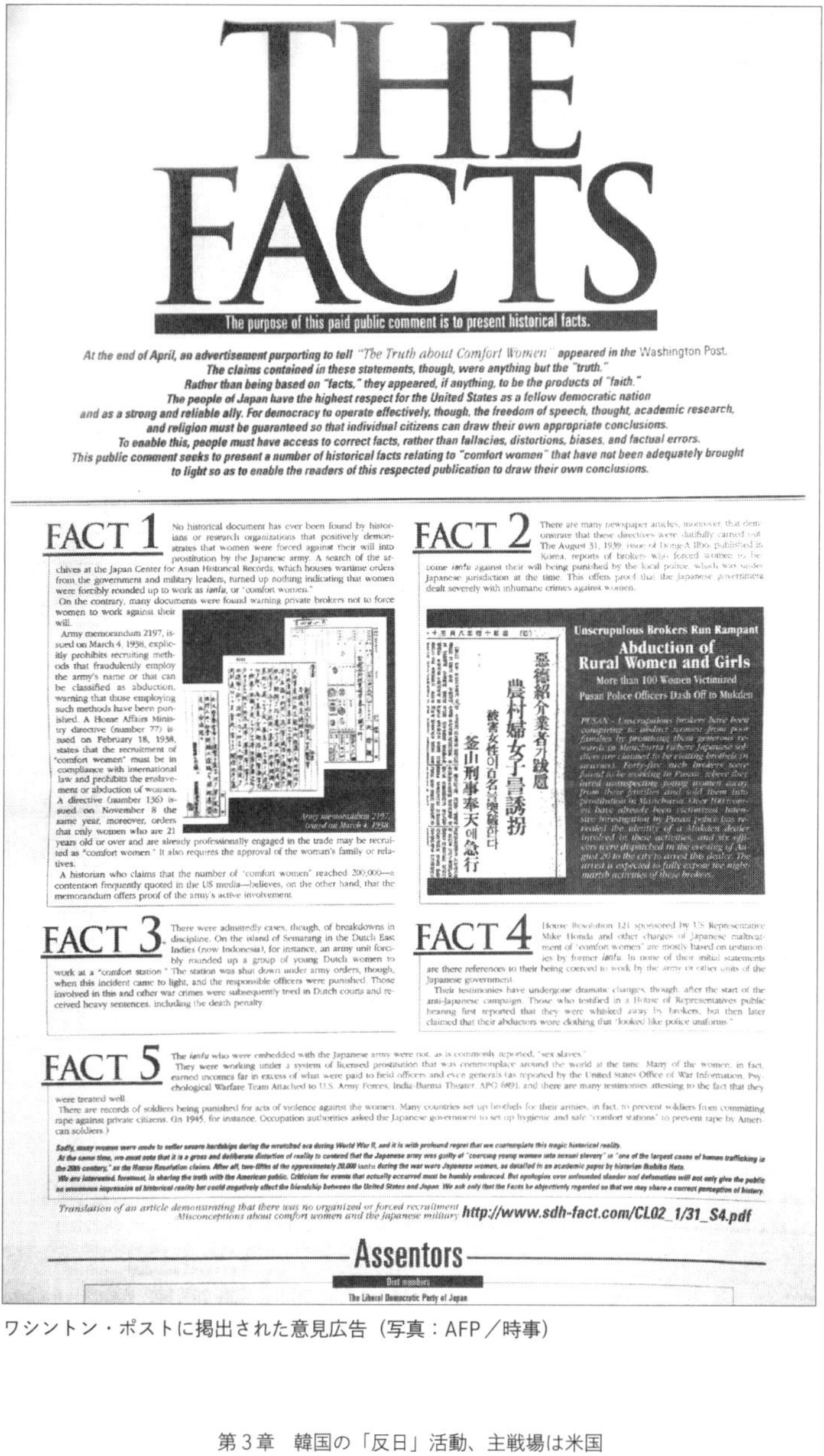

THE FACTS

The purpose of this paid public comment is to present historical facts.

At the end of April, an advertisement purporting to tell "The Truth about Comfort Women" appeared in the Washington Post. The claims contained in these statements, though, were anything but the "truth." Rather than being based on "facts," they appeared, if anything, to be the products of "faith." The people of Japan have the highest respect for the United States as a fellow democratic nation and as a strong and reliable ally. For democracy to operate effectively, though, the freedom of speech, thought, academic research, and religion must be guaranteed so that individual citizens can draw their own appropriate conclusions. To enable this, people must have access to correct facts, rather than fallacies, distortions, biases, and factual errors. This public comment seeks to present a number of historical facts relating to "comfort women" that have not been adequately brought to light so as to enable the readers of this respected publication to draw their own conclusions.

FACT 1

No historical document has ever been found by historians or research organizations that positively demonstrates that women were forced against their will into prostitution by the Japanese army. A search of the archives at the Japan Center for Asian Historical Records, which houses wartime orders from the government and military leaders, turned up nothing indicating that women were forcibly rounded up to work as *ianfu*, or "comfort women."

On the contrary, many documents were found warning private brokers not to force women to work against their will.

Army memorandum 2197, issued on March 4, 1938, explicitly prohibits recruiting methods that fraudulently employ the army's name or that can be classified as abduction, warning that those employing such methods have been punished. A Home Affairs Ministry directive (number 77) issued on February 18, 1938, states that the recruitment of "comfort women" must be in compliance with international law and prohibits the enslavement or abduction of women. A directive (number 136) issued on November 8 the same year, moreover, orders that only women who are 21 years old or over and are already professionally engaged in the trade may be recruited as "comfort women." It also requires the approval of the woman's family or relatives.

Army memorandum 2197, issued on March 4, 1938

A historian who claims that the number of "comfort women" reached 200,000—a contention frequently quoted in the US media—believes, on the other hand, that the memorandum offers proof of the army's active involvement.

FACT 2

There are many newspaper articles, moreover, that demonstrate that these directives were dutifully carried out. The August 31, 1939, issue of Dong-A Ilbo, published in Korea, reports of brokers who forced women to become *ianfu* against their will being punished by the local police, which was under Japanese jurisdiction at the time. This offers proof that the Japanese government dealt severely with inhumane crimes against women.

惡德紹介業者가跋扈
農村婦女子를誘拐
被害女性이百名을突破하다
釜山刑事奉天에急行

Unscrupulous Brokers Run Rampant
Abduction of Rural Women and Girls
More than 100 Women Victimized
Pusan Police Officers Dash Off to Mukden

FACT 3

There were admittedly cases, though, of breakdowns in discipline. On the island of Semarang in the Dutch East Indies (now Indonesia), for instance, an army unit forcibly rounded up a group of young Dutch women to work at a "comfort station." The station was shut down under army orders, though, when this incident came to light, and the responsible officers were punished. Those involved in this and other war crimes were subsequently tried in Dutch courts and received heavy sentences, including the death penalty.

FACT 4

House Resolution 121 sponsored by US Representative Mike Honda and other charges of Japanese maltreatment of "comfort women" are mostly based on testimonies by former *ianfu*. In none of their initial statements are there references to their being coerced to work by the army or other units of the Japanese government.

Their testimonies have undergone dramatic changes, though, after the start of the anti-Japanese campaign. Those who testified in a House of Representatives public hearing first reported that they were whisked away by brokers, but then later claimed that their abductors wore clothing that "looked like police uniforms."

FACT 5

The *ianfu* who were embedded with the Japanese army were not, as is commonly reported, "sex slaves."

They were working under a system of licensed prostitution that was commonplace around the world at the time. Many of the women, in fact, earned incomes far in excess of what were paid to field officers and even generals (as reported by the United States Office of War Information, Psychological Warfare Team Attached to U.S. Army Forces, India-Burma Theater, APO 689), and there are many testimonies attesting to the fact that they were treated well.

There are records of soldiers being punished for acts of violence against the women. Many countries set up brothels for their armies, in fact, to prevent soldiers from committing rape against private citizens. (In 1945, for instance, Occupation authorities asked the Japanese government to set up hygienic and safe "comfort stations" to prevent rape by American soldiers.)

Sadly, many women were made to suffer severe hardships during the wretched era during World War II, and it is with profound regret that we contemplate this tragic historical reality.

At the same time, we must note that it is a gross and deliberate distortion of reality to contend that the Japanese army was guilty of "coercing young women into sexual slavery" in "one of the largest cases of human trafficking in the 20th century," as the House Resolution claims. After all, two-fifths of the approximately 20,000 ianfu during the war were Japanese women, as detailed in an academic paper by historian Ikuhiko Hata.

We are interested, foremost, in sharing the truth with the American public. Criticism for events that actually occurred must be humbly embraced. But apologies over unfounded slander and defamation will not only give the public an erroneous impression of historical reality but could negatively affect the friendship between the United States and Japan. We ask only that the Facts be objectively regarded so that we may share a correct perception of history.

Translation of an article demonstrating that there was no organized or forced recruitment
Misconceptions about comfort women and the Japanese military **http://www.sdh-fact.com/CL02_1/31_S4.pdf**

Assentors

Diet members

The Liberal Democratic Party of Japan

ワシントン・ポストに掲出された意見広告（写真：AFP／時事）

ジャー」である。

意見広告が掲載されたのは11月上旬であったが、その直前の10月末頃、ニュージャージー州ではハリケーン・サンディが上陸・直撃し、多数の死傷者が出るという大災害に見舞われたばかりであった。つまり意見広告は、そのわずか数日後というタイミングで出されたことになる。米国の一部からは、「日本は見舞いの言葉もなく、何を考えているのか」と反感を生んだとの関係者による報告もある。もしそうだとすれば、これらは、日本の対外発信が逆効果に終わってしまった事例であるといえる。

こうした各種事案から、なぜ慰安婦問題に関する日本の対応が米国社会から厳しく非難されるかを分析すれば、まず、米国では、慰安婦問題に対する視点が異なることが挙げられる。そして、日本の発するメッセージが米国国内の大きな流れと合っているか否かが大きなポイントとなる。

慰安婦問題は、韓国系団体をはじめ、韓国社会にとっては、「韓国に対する侮辱」の問題として受け取られがちであるが、米国社会の受け止めは異なる。米国にとって慰安婦問題は、現代の課題認識や議論にもつながる「女性の権利」や「人権」と同等の問題として認識される。米国社会にとって慰安婦問題は、単なる歴史問題ではなく、現在の問題としても捉えられる傾向にあるといえる。だからこそ、「少女が誘拐され(kidnaped)、性奴隷(sex slaves)にさせられた」といった強烈な非難や、「日本政府が反省しておらず、歴史を書き換えようとしているのではないか」といった反発を招くことにもなる。メッセージの発信のタイミングは、日本の意図するメッセージを正確に伝えるために欠かせない要素となる。スター・レッジャーの意見広告は、自然災害の直後という理由であったにせよ、日本の発信が、現地でさらなる対日批判を生んだケースの一つであったといえよう。

米国では、特に歴史認識を巡る問題において、対日批判が盛り上がっているかのように見られるが、実はそうではない。問題の本質を見抜かなくてはならない。これまで見てきたことを総括すれば、日本側が発する反論は、その内容が事実としていかに正しくとも、現代の流れと合致していなければ米国側の反発を招きかねず、韓国は、日本からの強硬な反応を自らのエネルギーにして、より大きな推進力をもって「反日活動」を加速させたように見える。

米メディア、特にニューヨーク・タイムズといった世界的にも影響力のある報道機関が、日本について批判的な論調で報じることは、日本へのダメージも大きい。日韓の歴史認識に関わる議論や対立は、米国のメディアをも舞台にして繰り広げられており、現在も外務省は、「不正確な報道には申し入れを」続けていく姿勢を崩していない。ただし、過去の事例を見れば、そこでの日本の対応が、必ずしも日本に対する「正しい理解」の獲得や、イメージ向上につながったわけではない。それどころか、逆効果を生む可能性についても十分に検討する必要がある。タイミングについても、しっかりと吟味されなければならない。日本が、韓国の反日世論づくりに的確に対応するためには、何より、韓国のパブリック・ディプロマシーの特徴を理解しておかなければならない。

国を挙げてパブリック・ディプロマシーを推進する韓国

韓国において、ソフトパワーを活用したパブリック・ディプロマシーが本格的に打ち出されたのは、日本よりも遅く、2010年以降のことであった。それまでの国際社会における韓国のイメージは、必ずしも良好なものではなかった。朝鮮戦争の勃発を機に、韓国は国際社会において、「アジア地域において最貧国」としての強いイメージを持たれることとなってしまい、国際社会に定着したこのネガティヴなイメージをそう簡単に払拭することはできなかった。しかし、1960年～1980年代にかけての「漢江の奇跡」と1988年のソウルオリンピックの開催による急速な経済成長は、国際社会における韓国のイメージを格段に向上させることとなり、国際社会は、韓国をアジア四小龍（香港、台湾、シンガポール、韓国）の一つとして、そしてアジアにおける経済を主導する国の一つとして認識することとなっていった。

こうして、韓国は経済発展を遂げ、先進国の仲間入りを果たすこととなったが、外交面においては、大国間の思惑が交差し対立が繰り広げられる北東アジア地域において、常に受け身の立場にあった。

しかし、こうした事態が、2001年9月11日の同時多発テロ事件（9・11）によって、変化を遂げることとなった。9・11は、諸外国に、自国の国家イメージが外国の世論にいかに受け止められるかが外交政策上重要であること、そしてソフトパワーの果たす役割が重要であることを強く認識させた。こうした認識は韓国でも共有され、韓国の外交政策にも大きく影響を与えることとなった。韓国はパブリック・ディプロマシーの重要性に着目し、パブリック・ディプロマシーに対する努力を徐々に活発化させていったのである。

韓国では、パブリック・ディプロマシーを中国と同じく「公共外交」と呼ぶ。2010年5月、韓国外交通商部（当時。2013年3月に外交部に名称を改めた。日本の外務省に相当）が、2010年を「公共外交（パブリック・ディプロマシー）元年」と宣言し、パブリック・ディプロマシーを韓国の外交戦略の一手法として位置付けたのであった。翌2011年には、「公共外交大使」を新たに任命し、さらに2012年1月には文化外交局の文化外交政策課を「公共外交政策課」に改編する等、国を挙げてパブリック・ディプロマシー推進のために体制を整えていったのであった。外交通商部は、2013年3月に外交部と名称を改めた。日本でいう外務省に相当する。

しかし、体制を整えたといえども、韓国のパブリック・ディプロマシーは、外交部以外の関係省庁や地方公共団体等（例えば、文化体育観光部、教育部、企画財政部、国際交流系の財団等）も関わっており、それらが個々にパブリック・ディプロマシーを実施していたため、パブリック・ディプロマシーの事業や対象国・地域が重複する等、諸々の問題が生じていたとされている。韓国は、こうした問題を解消する必要があるとの考えに立ち、2016年1月には、公共外交法を整備し、2月に公布、8月に施行することで、より効率的に問題に対応する姿勢を示した。

同法においては、外交部を中心としたパブリック・ディプロマシー実施体制が明記され、外交部長官（日本でいう外務大臣）が5年ごとにパブリック・ディプロマシーの基本計画を策定することや、パブリック・ディプロマシーに関する委員会を設置すること等が定められた。またパブリック・ディプロマシーの重要性に対する社会的コンセンサスの形成と国民の参加の推進のために、国民に対して教育や国内広報を行うこと等が規定されている。ここからわかるのは、外交部の指導のもと、政府から国民レベルまで国を挙げたパブリック・ディプロマシーを力強く推進させていこうという韓国の強い意思であろう。

韓国のパブリック・ディプロマシーは、日本と同様、ようやく始動し始めたばかりであるといえるが、すでに、米国における反日世論づくり等で成果を挙げており、日本と異なるいくつかの重要な特徴を有している。とりわけ重要なのが、各種アクターがパブリック・ディプロマシーに参加できるようになったことである。韓国では、経済活動をはじめとする各種活動のグローバル化に伴い、政府機関だけでなく、あらゆるアクターが政府のパブリック・ディプロマシーに参加しており、その成果が発揮されるまでに重要な役割を果たすといわれている。中でも、海外に居住する韓国国民等がパブリック・ディプロマシーの参加者となることが、より効果的に活動を展開するための重要な要素となってきている。

韓国ＰＤにおける「韓国系米国人」の重要性

海外に居住する韓国国民の中でも、韓国系米国人の果たす役割は大きい。韓国系米国人は、団体を形成しており、全米において活動を行っている。日本や米国で度々注目を集める彼らの活動が、「反日ロビー活動」である。その実態について、韓国政府のパブリック・ディプロマシーとの関係も含めて整理しておく必要がある。

韓国政府では、これまで各省庁が各個にパブリック・ディプロマシーを展開していたことによって事業内容や対象地域等に重複も見られたことから、政府が司令塔となり、直接、韓国系米国人団体に指示し、反日ロビーを行うよう仕向けるといったまとまった連携は難しいのではないかと筆者は見ていた。さらに、全米の韓国系団体は、地方によって組織がバラバラであり、その実態が見えず、その団体間でも協力関係を築くのが難しいように思われたのだった。

この疑問について、韓国の国内事情に詳しい記者から、米国における韓国の反日活動は、主に韓国系米国人団体が行っているが、韓国政府との直接の関わりはないとの回答を得られた。少なくとも、すべての韓国系米国人団体が、常に韓国政府の指示・支持を受けるという単純な構造ではない。

保守派と進歩派の対立という韓国政治に普遍的に見られる構図が、韓国系米国人団体にそのまま投影されるため、当然、米国の韓国系団体の中には、保守派の団体と進歩派の団体があるということになる。例えば、ニュージャージー州パリセイズパーク市の慰安婦碑は進歩派が、ニューヨーク州ナッソー郡のアイゼンハワーパークの慰安婦碑は保守派が、それぞれ建てたといわれている。各々の碑や像が立つ段階で、その時々の政権が支援をしているのではないか、といったこともいわれるが、この保守派と進歩派の団体は犬猿の仲で、進歩派の団体に保守政権が支援をすることはないという。韓国国内の政治的対立が、そのまま米国にも持ち込まれているというわけである。

ちなみに韓国における保守派と進歩派は、日本の自民党とかつての民主党の対立構造とは、全く別物である。韓国の保守派とは、日本でいう保守派の持つ性質と少し違い、朴正煕政権時代に産業振興を行った人々が中核を占めている。朴正煕政権は、開発独裁であり、政府と民間との癒着も当然あったが、それでも政府と民間とが一体となって産業化を進めた時代の主軸であった。この保守派の対極にある進歩派は、朴正煕政権や全斗煥政権時代に民主化運動の主軸になった人々がベースとなっている。前出の記者によれば、韓国では保守派を「産業化勢力」、進歩派を「民主化勢力」と呼ぶという。韓国ではこの保守派と進歩派の対立が実に根深く、現在の文在寅政権は進歩派で、保守派に対する締め付けは厳しいものとなっている。

また、韓国政府の韓国系団体への関与は、その時々の政権の性格にも左右されるという。例えば、朴槿恵政権時代の前半は、日本との歴史認識を巡る問題に対して厳しい態度で臨み、国際世論を味方につけるべく動いていた。その時期は、米国の韓国総領事館が韓国系団体に総領事館内の会議室を貸す等、韓国政府が部分的に支援を行っていたようだが、2015年の日韓合意以降、こうしたこともなくなったという。

こうした政府と民間団体のネットワークを有するパブリック・ディプロマシーは、やはり韓国特有である。韓国人による米国への移住が本格的に始まったのは、60年代からであるため、日系人の米国移住とは、移動手段や通信手段等で大きな違いがあるようだ。米国に移住した韓国人は、圧倒的に往来がしやすく、また情報通信技術の発展に伴い、本国とのつながりも保つことができる。インターネット上のコミュニティもあるからなおさらといえよう。こうした時代の変化もあり、韓国本国での動きと米国における動きが、ある意味シンクロする部分も多いのだろう。

これまで見てきたように、全米の韓国系米国人団体は、本国政府との直接的な関係はないようだ。つまり、政府が司令塔となり、米国の韓国系団体に直接指示するといった実態があるかという疑問は解消されたわけであるが、他方、最大のポイントは、韓国政治の対立構造が米国等に所在する現地の団体間の関係にそのまま投影されるといった構造であるといえよう。保守派と進歩派の対立は、日韓関係を理解する上でもやはり欠かせない要素といえそうだ。

中国系との連携も欠かさない

ここで、中国の韓国パブリック・ディプロマシーへの関わりについても触れておきたい。特に、米国における反日世論づくりにおいては、中国系の組織や団体が、韓国系米国人団体と協働しているように見えることがあるからだ。韓国系米国人団体の活動に中国が関わることによって、相乗効果を生んでいる。だからこそ、韓国系米国人団体の活動を含め、韓国の対日姿勢とその政策を理解する際、中国の動向について理解を深めることは極めて重要な作業となるのだ。

世界に広く分散する華人は、現地でネットワークを形成し、経済や政治等の活動を行う。華人は、そのネットワークを利用して、さまざまな情報を取り入れ、人脈を広げ、自らの活動に生かしてきた。そして米国におけるこのネットワークは、主として中国系米国人の団体によって形成される。中国は、このネットワークを利用して、「反日」においても韓国と協力する動きがある。歴史認識を巡る問題に取り組む韓国を取り込もうとしている、という見方もできるかもしれない。

米国に居住する中国系米国人によって構成される組織や団体は、韓国系団体の活動においても、その果たす役割は大きい。先述のサンフランシスコを拠点に反日宣伝活動を行う「抗日連合会」は米国で大きな影響力を持つ中国系米国人団体だ。抗日連合会の活動目的については、名称の通り、「世界規模で抗日戦争の史実を擁護し、現代の日本に戦時の残虐行為への謝罪や賠償をさせようとすること」だとされる。

例えば、米国社会に衝撃を与えた、「日本軍が中国民間人30万人を殺害した」等とした中国系米国人のジャーナリストのアイリス・チャンの著作『ザ・レイプ・オブ・南京』（１９９７年）は、抗日連合会が宣伝や販売を行った。同著は全米で話題となり、ニューヨーク・タイムズのベストセラーリストの最上位にランクインするまでとなった。また、２０１５年８月15日の戦後70年の記念日に、サンフランシスコ市にある全米最大の中華街に、日本との戦争の歴史を象徴する「抗日戦争記念館」を開館させ、自身の目的に資する活動を行ってきた。

抗日連合会は、米国のほか、カナダや欧州でも活動しているとされるが、活動を展開する主たる地域は米国であり、中国共産党や中国政府とのつながりもあるといわれる。米国における中国ロビー活動の主体は中国大使館や総領事館だが、反日活動を通じた世論工作の主役は抗日連合会、という構図が浮かび上がってくる。

この抗日連合会が、慰安婦問題に関して、水面下で韓国系米国人団体と共闘する動きも見せているのだ。カリフォルニア州グレンデール市やサンフランシスコ市における慰安婦像設置運動でも支援を行う等、韓国系団体の慰安婦像・碑の設置活動への協力をはじめ、先に詳述した2007年の対日非難決議の米国下院での採択に一定の役割を果たしてきた。グレンデールの慰安婦像設置を巡っても、現地の日本人らが市に撤去を求める訴訟を起こすと、抗日連合会が提訴不当を訴える意見書を裁判所に提出する等、韓国系団体の活動を擁護していた。

2017年の慰安婦像のサンフランシスコ市への寄贈については、市議会とエドウィン・リー元市長（2017年12月急死）が受け入れた。リー元市長は中国名「李孟賢」という在米華人だ。また、同じく中国系のエリック・マー元市議（中国名：馬兆光）は、2015年9月に慰安婦像・碑の設置を求める決議案を市議会に提出しており、同案は全会一致で採択された。

なぜ、慰安婦問題において、中国系と韓国系が「共闘」できるのだろうか。韓国系団体は、中国のように反日パブリック・ディプロマシーを通じて日米同盟を弱体化させるというしっかりとした国家戦略目標を持っているわけではなく、在米のグループごとに活動しており、その全体像もはっきりしないともいわれている。

単独で活動を展開する個々の韓国系米国人団体は必ずしも十分な影響力を有しているわけではなく、これを補完するような形で、中国系団体が存在する。中国系団体が、目的と敵を同じくする韓国系と連携するという中韓共闘の構造が浮かび上がるだろう。「補完」という表現は、あくまで、韓国系団体は、中国のおかげで自分たちの政治的影響力が増したという認識には立っていないからである。韓国系団体が自らの政治的影響力の強化が必要であるという認識は、慰安婦問題をきっかけに強くなったのではなく、1992年のロサンゼルス暴動にその根源があるとされている。ロサンゼルスで起きた白人警察官による黒人男性への暴行が無罪評決を受け、不満を爆発させた現地の黒人が韓国系商店を略奪した。報道によれば、利益を地域に還元しない韓国系への不満であったとされるが、この時、現地の警察は韓国系商店が略奪されても動かず、白人富裕層の地域を守るよう展開していた。この事件は、韓国系社会に大きな衝撃を与え、米国において政治的な発信力・影響力を持っていることがいかに重要であるかを認識するきっかけとなった。2000年代に入ると、韓国系団体は米国において政治的な力を行使するようになる。

これまで見てきたように、歴史認識を巡る問題、とりわけ慰安婦問題での韓国の動きには、中国の影が潜む。それほど、中国系米国人が米国社会に与える影響力は大きいといえる。しかし、韓国系団体にしてみれば、現地で政治的影響力を行使しているのは、中国ではなく、あくまで自分たちなのだ。

政府レベルでも協力する中韓

ところで、日本との歴史認識を巡る問題における中韓の協力は、民間団体（表向きの民間団体であっても）の間だけで行われているわけではない。政府単位でも見られるのだ。中国は、歴史認識を巡って悪化する日韓関係の亀裂をさらに大きくするため、歴史認識を巡る問題を利用して韓国への接近を図る。歴史認識問題は、中韓が日本を牽制する材料にもなり得るもので、中韓が利害を一致させることができる問題なのである。

例えば、中国・黒竜江省のハルビン駅における朝鮮独立運動家・安重根の記念館開設だ。２０１３年６月に朴槿恵大統領（当時）が中国を国賓訪問した際、習近平国家主席に、安重根が初代の韓国統監だった伊藤博文を暗殺した現場のハルビン駅に「記念碑」を建ててほしいと要請したことを受け、中国は要請を上回る規模の「記念館」を設置したのであった。安重根は、日本が１９０５年の第二次日韓協約で韓国を保護国とし、１９１０年に韓国併合を行ったが、その間に重要な役割を果たした伊藤博文を暗殺しており、今なお韓国で英雄視されている。２０１４年１月に記念館は開設したが、その後、駅の改装に伴って取り壊され、韓国メディアは同記念館が再開されないのではないかと報じていた。この背景には、高高度迎撃ミサイルシステム（ＴＨＡＡＤ）の韓国への配備問題に対し、中国が報復措置として経済制裁に踏み切る等、中韓関係が悪化する一方で、日中関係が改善したことがある。しかし、同記念館は改装を終え、2019年3月30日に再開した。スペースは拡張されたが、式典はなかった。

さらに、2014年12月、中国政府は韓国政府の要請に応じ、重慶市にある韓国光復軍総司令部跡地の保存を決めた。光復軍とは、日本植民地時代に韓国臨時政府が重慶に司令部を置いた軍の組織だ。同司令部跡地は、都市再開発により失われる可能性が高まっていたが、韓国の要請を受け、原形のまま保存されることが決まった。保存にかかる費用も中国側が負担したという。

こうした中韓共闘の背景には、韓国の中国重視論があるという分析もある。その中国重視論には、「人文紐帯《ちゅうたい》の強化」と「G2論」という、二つの考え方があるとされる。一つ目の「人文紐帯の強化」については、2013年3月に韓国外交部が公表した韓国外交の基本方針を示す文書の中で用いられた。中韓関係を「両国は等しく東アジア文化圏の一員であり、両国民の紐帯感および信頼増進のため人文紐帯を強化すべき」と位置付ける等、対中外交の基本方針が示されたのである。「人文紐帯」とは、「儒教文化と漢字文化を共有する中国との関係」を意味する。自由、人権、民主主義といった現在の西洋的価値観に重きを置くのではなく、数千年にわたる歴史的つながりを持ち、儒教や漢字といった文化や伝統を共に享受し、同じ文化圏に属するからこそ、中国と韓国は相互に理解し協力することができる、という考え方なのだ。

二つ目の「G2論」は、国際政治において、韓国の認識としてよく表される。G2とは、米国と中国の2大国を指しており、世界が米中2カ国中心の体制へと向かっているという認識に基づく考え方だ。この考え方は、かつて第一期オバマ政権期の米国が打ち出したものであるが、中国の体制が民主主義とはほど遠く、アジア太平洋地域全体を見ても、米中協調は難しく、また、米国の軍事力に到底及ばないことから、今日ではほとんど使われることがなくなった。

しかし、韓国では依然としてG2の考え方が用いられるようだ。その理由は、中国が将来米国を追い上げ強大国となるだろうという韓国の認識にある。過去に中華帝国の影響下で存続してきた韓国にとっては当然ともいえる考え方なのかもしれない。

これまで見てきたように、歴史認識を巡る問題、とりわけ慰安婦問題での韓国の動きには、中国の影が潜む。それほど、中国系米国人が米国社会に与える影響力は大きいといえる。韓国の中国重視の姿勢は、安全保障に影響するところでもある。これは、米国において「韓国疲れ」(Korea Fatigue)を生む要因となっており、米国をはじめアジアの安全保障にとっては重要な問題である。第二次安倍政権と朴槿恵政権(当時)誕生後、慰安婦問題等が原因で日韓首脳会談が2015年11月2日までの3年半開かれない等、両国の間での対立が続いていた。これに加え、日本との間で軍事機密情報を共有するための「軍事情報包括保護協定」(GSOMIA)の締結を、韓国政府が中国へ配慮するあまり長年拒否する等、米国が望む安全保障上の協力を打ち出せずにいた。

GSOMIAで露呈した韓国パブリック・ディプロマシーの限界

ＧＳＯＭＩＡは、秘密軍事情報の共有そのものを規定するものではない。相手国から提供された情報を第三国に渡さない等、秘に属する情報をどのように扱うかについて、相互に約束するものである。自国が提供した情報を相手国が適切に扱うと約束するからこそ、秘密の程度が高い機微な情報を提供できるのだ。

ただ、日韓ＧＳＯＭＩＡは、日本と韓国だけの問題ではない。もう一カ国、深く関係している国がある。それが米国だ。日韓両国がＧＳＯＭＩＡに署名しなければ、北朝鮮の核・ミサイル等に関する軍事機密等を日韓が直接共有することができない。韓国は、北朝鮮に最も近い米国の同盟国である。また韓国国民は、自らが主張する通り、北朝鮮国民とは同じ民族であり、言語の壁も低い。韓国は、ＨＵＭＩＮＴ（Human Intelligence：人的情報）、ミサイル発射の兆候や発射直後の飛行諸元等について、最も得やすい特性を持っているとされる。一方で、ミサイル飛翔の後半部分については、日本の方が韓国よりも多くの情報を得ることができる。日本と韓国の情報を合わせることによって、北朝鮮のミサイル発射の全過程を掌握でき、その性能を正確に分析することができるのである。

しかし、それ以上に重要ともいえるのが、日韓ＧＳＯＭＩＡが中国、ロシア、北朝鮮に対して発する政治的メッセージであろう。米国と中国は、互いに相手に対して優位なポジションを占めようと、政治的メッセージを送り合い、牽制し合っている。米国の北東アジア地域における軍事プレゼンスは、日米韓の安全保障協力によって裏付けられており、中国はロシアとの軍事協力を前面に押し出している。日韓GSOMIAの破棄は、日米韓の安全保障協力の一角が崩れたという誤ったメッセージを、中国やロシア、さらには中ロの威を借る北朝鮮に送ることになりかねない。米国にとって、GSOMIAは日米韓の安全保障協力を示す象徴的な意味を持っているのだ。

そもそも日韓GSOMIAの締結自体、一筋縄ではいかなかった。日韓GSOMIAが朴槿恵政権時代の2016年11月に最終的に締結されるまでの過程においても、米国の役割は大きかった。実は、日韓GSOMIA締結のための議論は早くから行われてきたが、紆余曲折を経てようやく締結に向かったのである。2010年、李明博大統領下で本格的な議論が開始され、2012年に朴槿恵大統領下で締結直前まで行ったが、締結直前になって「密室処理だ」と韓国世論の強い反発が起きた。そうした国内の状況に屈した朴槿恵政権は、2012年6月29日の署名予定一時間前になって、突然、日本政府に対して延期を申し入れたのである。これは外交上も異例の事態だった。

その後、2014年になって、米国の主導で再度締結が推進された。2016年11月にようやく日韓両国によって署名されたものの、このころからすでに米国は、韓国側の対応に「疲れ」を示すようになっていた。中国に取り込まれる韓国に対し、オバマ大統領（当時）も、中央日報のインタビューで「中韓の経済協力は歓迎されるが、韓国の安全保障と繁栄の基盤は米国だ」と警告していた。

そして、文在寅大統領による日韓GSOMIA破棄の決定である。2019年8月22日、韓国大統領府は、国家安全保障会議（NSC）の常任委員会を開き、日韓GSOMIAの破棄を決めた。韓国に輸出管理を厳しくした日本に対して韓国政府内で反発が強まり、日韓GSOMIA破棄論が強くなったのである。これには、米国が直ちに反応した。

まず、ポンペオ国務長官が22日当日、韓国が日本とのGSOMIAの破棄を決めたことについて「失望した」と表明した。26日には、米国務省が日韓GSOMIA破棄について、改めて公式に韓国に対して批判的な立場を発表した。しかもこの時は、米軍への脅威にまで言及している。国務省報道官が公式Twitterのアカウントで「韓国政府のGSOMIA終了決定に深く失望し懸念しており、これは韓国を守ることをさらに複雑にし、米軍のリスクを増加させる可能性がある」と述べたのだ。

さらに、米国防総省も声明を出し、韓国の決定に「強い懸念と失望」を示した。米国政府高官が同盟国に失望を表明するのは極めて異例である。しかも、立て続けに、である。日韓GSOMIA失効の期限の11月23日が近づくにつれ、米国の対韓圧力はますます強くなった。

GSOMIA失効直前の17日、ASEAN拡大国防相会議が開かれたタイのバンコクにおいて、日米韓国防相会談も行われ、エスパー米国防長官は韓国に対して協定を延長するよう迫った。米国務省によると、日韓GSOMIA失効の2日前の21日、ポンペオ米国務長官が、韓国の康京和外相と電話会談し、日韓関係と米韓同盟の重要性を改めて確認した。ポンペオ氏が、日韓GSOMIA破棄決定を翻すよう、韓国外相に対して土壇場の要請を行ったと見られている。米国政府は、失効期限が迫っていることに関し、「北東アジアの安全保障環境を脅かしている北朝鮮と中国を利するだけだ」と危機感を強めていたのだ。トランプ政権は11月に、エスパー国防長官やスティルウェル国務次官補（東アジア・太平洋担当）らをソウルに送り込み、文在寅大統領らに対して協定破棄の決定を撤回するよう繰り返し要求している。結局、韓国政府は22日、GSOMIAについて破棄通告の効力停止を日本に通告した。

こうした米国の圧力を受け、韓国では米韓同盟に亀裂が入るのではないかという危機感を強めたが、それでも米国は、韓国を支持しなかった。韓国が米国の政策決定に影響を及ぼせなかった理由は大きく三つ考えられる。一つ目の理由は、韓国が民主主義国家であるということだ。権威主義国家とは異なり、韓国では政権の目的を実現するために国内外の資源を自由に投入することは難しい。例えば、中国には、国内外の華人・華僑に統一戦線を組ませるための共産党の組織である統戦部があるが、韓国には同様の組織は存在しない。

二つ目は、問題の性質である。韓国は、日韓GSOMIA破棄の決定は徴用工を巡る歴史問題に端を発するとしているが、米国にとっては自国および北東アジア地域の安全保障環境を脅かす問題である。日米韓の安全保障協力を崩し、中国やロシアを利するような韓国の行動を米国が許容するはずはなかったのである。

三つ目は、先述した米国の「韓国疲れ」である。韓国が強硬に日本非難を繰り返し、米国が中国抑え込みに欠かせないと考えている日米韓の安全保障協力を損ねるに至って、米国は韓国に疲れを感じるようになったと考えられる。トランプ大統領と文在寅大統領のケミストリーも、どうも合わないようだ。文在寅大統領が対北支援政策ばかりに注力し、対北制裁の緩和を唱えてきたが、これに対しトランプ大統領は制裁維持を主張している。依然として米韓の溝は埋まらず、非核化交渉も進まない。「韓国疲れ」が今後いかに米国社会で広がっていくのか、注視すべきである。

韓国の誤算がもう一つある。それが中国だ。米国が日韓GSOMIA破棄問題や在韓米軍駐留経費の問題等で韓国に強い圧力をかけるようになると、文在寅大統領はまた中国に接近した。しかし、中国では、公式な声明はおろか、メディアにおいてさえも、この問題に関して事実が客観的に報じられるのみで、韓国を支持する論評は出されていない。中国は、米中二国間対立という構図を避け、米国対国際社会という構図を描こうと努めている。この目的を達成するための鍵となるのが日本であり、中国は、日本が米国から距離を取るよう働きかけるのだ。また、中国は徴用工問題でも一切これを取り上げなかった。

ここに述べた韓国の誤算の理由が、韓国のパブリック・ディプロマシーの限界といえるのかもしれない。イメージ戦略が上手くても、結局は、米国や中国にとって韓国が重要であると認識されなければ、韓国の主張は通らず、国益に資する成果を挙げることはできない。いずれの国もパブリック・ディプロマシーにおいては、相手国の関心や価値観を理解し、発信の仕方を考えなければならないということであろう。

韓国のソフトパワー戦略を支える根幹は、韓流ブーム

韓国における政策立案の流れ等を見れば、韓国のパブリック・ディプロマシーは、政府がソフトパワー戦略の重要性に着眼し、スタートを切ったばかりということが理解できる。しかし、専門家によれば、韓国の外交筋は決まって、「韓国は建国以来絶えずパブリック・ディプロマシーを行ってきている」というらしい。韓国がそうしなければならなかった理由は、韓国の国際社会における存在感が希薄であったからに他ならない。

かつて、韓国は日本の植民地と化し、1945年の日本の敗戦後には解放されたが、その後も北朝鮮よりも経済力は乏しく、地政学的にもロシアや中国といった強国や大国に囲まれており、国際社会での存在感が格段に低かった。韓国はこうした自国の立ち位置にコンプレックスを抱えていたのである。簡単にいえば、そうした状況下で、韓国は自国のプレゼンスをアピールする外交に打って出る必要があった。「パブリック・ディプロマシー」と命名し国家戦略と位置付けたのは最近であっても、「自国のプレゼンスを向上させたい」という思いは、潜在意識として根強く存在していたのだといえる。

そうした中で、韓国は、2000年に入ってから、自身のソフトパワーを行使する能力を確実

に向上させていくこととなる。ソフトパワーは、韓国のパブリック・ディプロマシーにおいて、重要な役割を果たすようになった。そのソフトパワーの一つ、韓国のポップカルチャーを資産とする「韓流」という現象である。

本を正せば、「韓流」は韓国文化ではなかった。韓国エンターテインメント産業の商業目的に基づいたコンテンツ制作およびマーケティングの結果生まれたものだ。1990年代後半ごろから、「韓流」が広まり、2000年代には世界的ブームとなった。そのブームが韓国に対する世界の人々の興味や関心を呼び、そこに着目した韓国政府がパブリック・ディプロマシーを絡めることで、「韓流」をより進化させていったのだ。

そして、金大中政権下の1999年には、「文化産業振興基本法」を成立させ、2000年代初頭には韓流ブームを契機に文化コンテンツ産業を発展させていくための努力を払っていくこととなった。そして2009年5月7日には、韓国政府によって韓国コンテンツ振興院が設立され、産業ごとの振興組織が一本化された。また、在外韓国文化院や韓国観光公社、韓国コンテンツ振興院等、韓国文化関連機関が集結した「コリアセンター」の設置もスタートし、これを世界の韓国文化発信拠点として、文化産業、文化芸術、観光といった韓国のソフトパワーを積極的に発信するようになっていった。

今日の「韓流」といえば、アジアだけではなく、欧米等においても、ドラマやK-POPがブームとなっている。日本でも「冬のソナタ」が爆発的ヒットを果たしたことを機に「韓流」ブームが始まった。その中で広がりを見せたK－POPについては、1980年代から始まった韓国のポピュラー音楽を指す用語である。2012年にはPSYの「江南スタイル」が、米国をはじめ、世界的に大ヒットした。

筆者が米国の大学に通っていたのも、ちょうどこの頃であった。当時、「江南スタイル」はキャンパスライフにも溶け込んでいた。大学の寮の食堂や、ダウンタウンのレストラン、週末の学生間のパーティー等、其処彼処で聴かれ、ミュージックビデオやダンスも流行していた。このミュージックビデオは、YouTubeで30億回を優に超える再生回数を記録する人気ぶりとなった。さらに2018年には、男性7人組のアイドルグループ防弾少年団（BTS）が米アルバムチャート「ビルボード200」で1位になり、ビルボード史上初めて韓国人歌手がアルバムチャート1位を果たした。

なぜ、韓国の音楽業界がK－POPの世界的ヒットを果たせたのかといえば、その要因は様々である。例えば欧米のポップスでお馴染みのリズムをアレンジして取り入れる等、欧米人に馴染みやすい楽曲となっているといったことや、動画コンテンツ配信サービスが多角化し普及しているといったこと等も指摘されている。しかし、最大の要因は、韓国エンターテインメント産業の制作力やマーケティング力と、それに着眼した韓国政府のパブリック・ディプロマシーの取り組みであるように思える。世界でブームと化した「韓流」とは、韓国政府、メディア、そしてエンタメ産業との融合であるといえる。

こうした状況については、韓国ドラマというコンテンツの発信への韓国政府の関わり方を見ても同様のことがいえる。専門家によれば、韓国政府が、在外公館を通じて将来有望な輸出先となりそうな海外市場の事前調査を行い、現地のエンタメのニーズをリサーチし、受けそうなものがあれば、そうした市場向けの見本市への出展を支援するという機会がある。専用のブースを設置し、広報用にかかる初期宣伝費や字幕吹き替えの制作費の一部を民間中小制作会社に助成する、といったサポートを行っていたとされる。過去には、ドラマのシーズン数が多いものを好むスペイン語圏へ同じような構成の韓国ドラマの売り込みを行ったという。成功すればそのまま海外でもコンテンツとして発信し続けてもらえばいいし、成功の見込みがなければ次のコンテンツに可能性を見出せばいいのだ。

ソフトパワーによって相手国世論の興味や関心を喚起することとは、典型的なパブリック・ディプロマシーの手法であり、この観点からも、K－POPや韓国ドラマの海外への展開は韓国パブリック・ディプロマシーの成功例であるといえよう。政府が一からソフトパワー戦略をプロデュースするというやり方にはコストがかかる。市場のニーズ調査をはじめとする市場開発に莫大な関連費用がかかり、中長期的な計画を余儀なくされる。また、利用を試みたコンテンツが流行するかどうかは正確に予測できず、一か八か的な要素も強い。もし成功しなければ、壮大な予算の無駄遣いになってしまう。さらに、政府がバックについていることがわかれば、相手国からは「プロパガンダをやっているのか」と受け止められかねない。

他方、韓国政府のやり方は実に効率的で戦略的ともいえる。そこに対するお金の掛け方も上手い。日本との比較においては、例えば「ジャパン・ハウス」は良い例かもしれない。「ジャパン・ハウス」事業は、この韓国のソフトパワー戦略とは異なり、日本の多様な魅力の発信拠点として、政府が国際情勢や予算面等の理由から設置場所を決め、建設費に多大な予算を投じて挑んだソフトパワー戦略であり、パブリック・ディプロマシーの一部だ。予算管理をはじめ、普及率の向上や集客数の拡大等には課題も残り、存続を前提とした運営には難しさが残る。

繰り返すが、「韓流」はもともと政府主導で打ち出したソフトパワーでも、対外発信戦略でもない。あくまで、韓国のエンタメ産業の商用目的のコンテンツであり、アジアや欧米でブームが先行していたのだ。しかし、今やその「韓流」は、韓国が国を挙げて取り組むソフトパワー戦略の主要なコンテンツであり、韓国のパブリック・ディプロマシーを支える根幹となっているといえる。

他方、日本との関係を考えると、日本における「韓流」は、日韓両国の政治状況に左右されてきた。２０００年代初頭、日本にも最初の韓流ブームが到来したが、その後、両国間の政治的問題が生起する度に、日韓の文化交流にも影響が広がり、日本における「韓流」も勢いを失っていった。現在に至るまで、このパターンを繰り返しているという印象も受ける。日本のメディアでも、「韓流」関連の情報を番組等で取り上げる度に、ＳＮＳが大炎上するという事態が散見されるようになっている。２０１９年４月には、ＮＨＫの朝の生放送番組で、中高生の間で韓国カルチャーが流行している実態について特集されたが、放送後、ＳＮＳ上では番組の内容が激しく批判され、大炎上してしまったこともあった。

一国のソフトパワーも、国家間関係によっては、相手国に対して効果的に作用することもあれば、効果を失うこともある。日韓関係は、まさに、日本における「韓流」というソフトパワーの効果に影響を及ぼしてきたのであった。しかし、そうした状況下でも、日韓両国が双方のソフトパワーが持つ魅力に対する理解を深め、それがどのような相互作用をもたらし得るかについて見極めることが、逆に、日韓関係を安定させる上で重要な作業となるかもしれない。

第4章

韓国のイメージ戦略と日韓のすれ違い

慰安婦像という「アイコン」が示すもの

先にも述べた通り、韓国は、日本に国際的圧力をかけるために、慰安婦問題を「女性の人権問題」の一つとして国際化させることが効果的な政策であると認識し、その実現のために行動している。その主戦場は米国である。米国は、日韓両国にとっての同盟国でもあり、さらに今日の女性の人権問題への取り組みは、とりわけ米国社会が関心を有するところである。この点においては、韓国は米国をよく理解しているといえよう。

なぜ、韓国がこれほどまでに米国で影響力を持つのか。その理由は、その「イメージ戦略」を実現する方法にあると考えられる。慰安婦問題を巡っては、韓国系米国人団体が中心となって慰安婦像・碑を全米で設置しているが、特に、慰安婦像という象徴を用いることで、米国世論に視覚的に訴えることができる。そのため、慰安婦像は、人の注意を引く効果の高いアイコンとなり得るといえる。

まずは現地の人に「何だろう」と興味を持たせ、像や碑の解説文を読ませ、韓国が望む「イメージ」を与える。それが、韓国の主張を象徴的に可視化した「アイコン」なのである。そのアイコンは、韓国が主張するところの「正義」を象徴するものであり、ひいては現在にもつながる「女性の人権に関する問題」であると認識させるイメージである。可視化されたイメージを持つことで、韓国の主張は、容易に米国人の関心を引き、さらには米国世論を味方につけることができるのだ。

これは、徴用工問題においても同様である。韓国・釜山の日本総領事館前への徴用工像設置問題が浮上しているが、ここにもまた、象徴としての「アイコン」の存在がある。

しかし、韓国の取り組みは、現地の関心を引くだけにとどまらない。慰安婦問題の国際化にあたって、韓国政府が前面に立って活動しているが、韓国系団体の個々の実態や活動を単位として見ていけば、もう少し違った見方ができそうだ。韓国系米国人の総数は、170万人を超えるともいわれる。その大半が、こと政治・外交の問題においては、自らの主張に基づいて団体を組み、各々の団体の構成員は一枚岩となって動くとされる。その韓国系米国人にとって重要なのが、居住地である米国における自分たちの立場を向上させることなのだ。米国に居住する韓国系の多くは、米国人として現地社会に同化することを望んでいるといわれる。さらに、韓国にとって、米国は同盟国である。米韓の同盟関係の強化、両国間関係を深化させることは重要なのである。

こうした点に鑑みれば、韓国系米国人の反日活動は、自らの米国社会での立場の確立・改善・向上を第一義とし、そこに、米国との政治・安全保障・経済等の関係強化が絡んでいるのだといえよう。

米国に存在する韓国系団体は一つではなく、数多くの団体が全米のあちこちに存在する。先述のとおり、団体によってその性格や派閥も違うし、目的も若干異なるようだが、慰安婦問題に関しては、「戦争による女性の被害」について「米国や世界に訴える」という目的に大差はないといえそうだ。「ニューヨーク韓人会」や「カリフォルニア州韓国系米国人フォーラム」等様々だが、日本でも最もよく聞かれる韓国系団体の一つは、「ワシントン慰安婦問題連合」（慰安婦連合）であろう。慰安婦連合は、米国内で慰安婦問題を初めて公式の場に持ち出したとされる、１９９２年に創設された組織である。

１９９２年には、日本国内においても慰安婦問題に関して大きな動きがあった。例えば1月に、加藤紘一官房長官（当時）が慰安婦の募集等に日本軍の関与があったとして謝罪を行い、また宮澤喜一首相（当時）が訪韓し、盧泰愚（ノ・テウ）大統領（当時）との首脳会談で8回謝罪を述べる等した。こうした動向を背景に、慰安婦連合は「日本政府に慰安婦に対する犯罪について、公式の謝罪と賠償を求める」ことを活動目標に、米国社会に慰安婦問題について広く普及すべく、米国議会等へのアプローチを行ってきた。

米国における韓国の反日世論は、１９９３年の河野談話でも静まることはなく、むしろ、１９９４年にカリフォルニア州で中国系米国人団体の抗日連合会が創設されたことで、抗日連合会からの協力を得られるようになり、勢力が増していった。首都ワシントンやその近郊での慰安婦展の開催や、ロビー活動に加え、２０１４年にはバージニア州フェアファックスで慰安婦碑を設置した。

韓国系団体は、少数の韓国系米国人の組織が点在する形で存在し、決して全米で大きな力を持っているわけでもない。ところが、ここに抗日連合会が連帯することで、機能が一気に変わるのである。抗日連合会は、他の韓国系団体の慰安婦像・碑設置活動も支援しているとされる。カリフォルニアやニュージャージーでの慰安婦像・碑の設置も支援したといわれるのだ。

慰安婦問題がこれほどまでに全米で広がっていった理由として、「少女像」というアイコンが持つ影響力を挙げないわけにはいかないだろう。韓国は、自らの主張を効果的にイメージさせるアイコンを、パブリック・ディプロマシーに用いるのだ。慰安婦問題は、韓国や日本の感情等が入り混じった、複雑な問題である。政治思想の異なる在米韓国系団体であっても、その問題を世界に訴えたい韓国にとって、「少女」は対外発信ツールなのだ。このアイコン一つで、韓国人の想いや主張が象徴される。そしてこれが全米に広がることで、日韓2カ国間だけの問題ではなくなってしまった。それほどまでに、慰安婦像を巡る問題は、日韓関係、日中韓関係、そして日米韓関係にとって、根深い問題となってしまったようだ。

レーダー照射問題に見る韓国のイメージ戦略

2018年12月20日、日本海の能登半島沖で、韓国海軍の駆逐艦「広開土大王」が、海上自衛隊P‐1哨戒機に、火器管制レーダー（FCレーダー）を照射した。これを受けて日本政府が抗議し、それに韓国政府が猛反発した。

韓国軍による自衛隊機へのレーダー照射問題について、韓国側がその事実を認めようとしなかったため、防衛省は12月21日、新たな証拠としてレーダー探知の音を公開すると共に、日韓の防衛当局間での協議の継続はもはや困難だとする最終見解を発表した。これに韓国が、再度反発した。そして2019年1月4日、韓国は自衛隊哨戒機へのレーダー照射問題を巡る「反論動画」を公開した。

実はこの動画にも、韓国のイメージ戦略が用いられていた。この動画の特徴は、6カ国語に翻訳されたこと、そして映像や音楽等の編集効果の演出が、まるで映画のトレーラーであるかのような構成になっており、スタイリッシュさも感じさせられるということだ。これこそ、韓国が世界に自らの主張を発信する際に用いるイメージ戦略の典型である。

韓国のイメージ戦略は、韓国側の主張そのものにも見られる。海上自衛隊の哨戒機が韓国海軍艦艇から火器管制レーダーを照射されたとする問題を巡る日韓防衛当局間の協議について、1月15日、韓国国防省報道官が、「日本はわが軍艦のレーダー情報全体について（開示を）要求した。受け入れが難しく、大変無礼な要求だ。事態を解決する意思がない強引な主張だ」と非難した。

韓国国防省が「大変無礼な要求だ」というのは、韓国海軍艦艇のレーダーに関する情報全体と海上自衛隊P-11哨戒機が探知したレーダー情報の一部を交換条件に出したからだが、この二つは内容が異なるため比較対象にはならず、韓国のいう不公平な要求には当たらないという専門家の見解もある。比較できない内容のものを比較できるものであるかのように並べ、あたかも日本が無礼であるかのように報道官が発信するという点においても、論理的であることはどうでもよく、「韓国は悪くない」「日本が悪い」という印象を与えようとする韓国のイメージ戦略が見て取

レーダー照射問題について「反論動画」を公開した韓国（写真：AP／アフロ）

れる。文在寅政権は、日本との二国間で証拠を示し合って論理的に議論すれば、自らの過ちを認めざるを得なくなると考えるからこそ、論理的議論ではなくイメージによる印象操作に走るのだろう。

韓国のイメージ戦略はまだ続いた。韓国国防省が1月22日に公表した、韓国側の主張をまとめた見解文だ。その中で、文在寅政権は「事案の本質は哨戒機の低空脅威飛行だ」とし、日本側に再発防止を要求したが、驚くべきは、「両国関係と韓米日の協力に役立たない世論戦をこれ以上展開しないよう改めて厳重に促す」と日本に対し注意を促したことである。

世論戦とは、メディア等の種々の手段を用いて世論工作を行い、ターゲットとなる社会が世論戦を仕掛ける者を支持するよう仕向けることを示す。文在寅政権のいう世論戦に当てはめれば、反論動画を用いた印象操作を行い、世界の世論に働きかけたのは韓国の方だ。つまり、どちらが論理的に正しいのかを日本と議論するのではなく、米国をはじめとする国際社会に、韓国が正しいというイメージを与える世論戦を仕掛けたのは韓国ということになる。

韓国は、韓国海軍艦艇による海上自衛隊航空機に対する火器管制レーダー照射という危険な行為に端を発した問題を、海上自衛隊航空機による危険な威嚇的飛行の問題にすり替えようとしただけでなく、国際社会において、あたかも日本が論理を無視し、印象操作をして世論工作を展開しているかのようなイメージを創り出そうとしたのだ。文在寅政権は、自らが行ったこれらのことを、「日本が行っている」として非難する。しかしこの日本非難は、文在寅政権が、自らの行為が非難されるべきものであると認めることの裏返しでもあるのだ。

イメージ戦略に頼る文政権

文在寅政権は、イメージ戦略の展開の手を緩めなかった。韓国国防省は1月23日に、海上自衛隊の哨戒機P－3Cが韓国海軍の駆逐艦に高度60～70メートル、距離540メートルまで接近したとし、これを「低空威嚇飛行した」と猛批判した。さらに、翌24日に「証拠画像」なる5枚の画像を公開した。もともと、文在寅政権は動画を公開するとしていたが、結局、画像の公開に止まった。しかし、これら画像も、海上自衛隊哨戒機が韓国海軍艦艇に異常な低高度で異常接近したことを示す根拠にはならないものだった。それどころか、航空機の写真に水平線を入れなかったことが、海上自衛隊哨戒機が低空飛行していないことを隠蔽するために、飛行高度を示す目安となる水平線を故意に切り取ったのではないか、との不信感まで生むこととなった。

韓国が1月4日に最初に「反論動画」として公開した動画に関しても、韓国側の主張の論理的正当性を裏付ける映像になっているとはいい難い。海上自衛隊航空機が威嚇飛行を行ったとする部分の前半は韓国が撮影した映像を、後半は海上自衛隊が撮影した映像をつなぎ合わせて用いていた。安全保障に詳しい専門家によれば、韓国海軍艦艇が危険を感じたのであれば、撮影等も行っているはずなのに、その映像を用いないのは、その映像は海上自衛隊機が危険な飛行をしていないという印象を与えるものであったかもしれない。最初の映像からも、海上自衛隊機が高度150メートル以上で遠方を飛行していることがわかるという。つまり、韓国の主張する「低空威嚇飛行」には当たらないということだ。

しかし、何より大きな疑問は、韓国海軍艦艇が海上自衛隊哨戒機と通信を取らなかったことだとされる。万が一、韓国艦艇が、海上自衛隊哨戒機が威嚇的に感じられるほど低高度・近距離を飛行したと認識したのであれば、海上自衛隊哨戒機との通信を試みるべきであった。危険だと感じたらすぐに火器管制レーダーを照射するといったことは、友好国間では考えにくい行為であった。これは日本国内で、韓国が自衛隊を友好国の組織として認識していないのではないかという疑念を生んだ。文在寅政権の反日姿勢が、韓国軍内の一部にこうしたメンタリティを生んだとすれば、韓国の現政権が地域の安全保障環境を決定的に悪化させる可能性があるということでもある。

さらに、韓国の「日本が国際条約を恣意的に曲解している」という主張も無理があるだろう。ここでいう国際条約とは、1944年に採択された国際民間航空条約（通称シカゴ条約）を指す。同条約によって設立された国際民間航空機関（ICAO）が、国際航空運送業務やハイジャック対策をはじめとするテロ対策等のための条約の作成、国際航空運送の安全・保安等に関する国際標準・勧告方式やガイドラインの作成等を行い、シカゴ条約の附属書としてまとめられている。

防衛省は、国際法を遵守《じゅんしゅ》した高度で飛行したとしているが、韓国はこれに軍用機は含まれないとして日本の見解を否定した。これは本末転倒の議論なのであるが、文在寅政権の主張が巧妙なのは、嘘をついていないことである。嘘はつかずに、自分にとって都合の良い部分だけを巧みに表現したのだ。文在寅政権が主張するように、軍用機にはICAOが定める規定は適用されない。

それでも日本がICAOの基準を持ち出したのは、軍用機に適用される基準がないため、一般的に軍用機であっても危険を避けるためにICAOの基準で飛行しているからである。これに対して文在寅政権は、「軍用機にICAOの基準は適用されない」という部分だけを用い、自らに都合の良い巧妙な表現で、あたかも日本が国際法の解釈を歪曲したかのような非難を展開したのだ。

防衛省も韓国海軍も、各々の哨戒機と艦艇の当時の状況や対応等の記録や情報をすべて保有しているとされるため、もしすべてが公開されれば（難しいだろうが）、白黒はっきりするだろう。しかし、文在寅政権が大衆に対するイメージ戦略だけに力を注いでいる状況では、日韓実務者の議論でさえ全く噛み合わず、平行線のままだろう。こうなっては、日本も手の打ちようがない。

それでもなぜ、韓国は無理矢理の説明をもっともらしく、しかも反論動画とともに発信を続けたのだろうか。それは、文在寅政権の目的が、根拠に基づいた検証を行い、日本と論理的に議論して問題を解決するところにはなく、韓国国民に対して、「韓国は間違っておらず、日本が悪い」ことを訴え、国民の支持を得るとともに、国際世論に対しても同様に影響を及ぼし、「日本が悪い」というイメージを与えようとしたのだろう。ここでも、根拠や論理、適切な表現といったものは重視されず、専門知識を持たない大衆にイメージを発信することに焦点を当てた、韓国パブリック・ディプロマシーの特徴を見ることができる。

日本の自衛隊と韓国軍の関係は、昨今の日韓関係において唯一有効な協力関係を維持するものであったといっても過言ではないだろう。アジア太平洋地域の安全保障環境が大きく変容する中、日韓の安全保障上のさらなる関係強化も求められている。そうした中での韓国の対応は、この良好な関係に対して水をさすような行為であったし、両国にとっても、そして同盟国米国にとってもマイナスにしかならない。レーダー照射問題の直前に、徴用工問題に進展が見られなかったことに対する反発から、韓国がこうした対応をとったとも考えられるが、歴史認識を巡る問題と軍事・安全保障問題は別問題だ。韓国から再発防止の意思が示されなければ、双方の信頼関係を回復させることは難しいだろう。

慰安婦問題と徴用工問題に映る日韓認識ギャップ

２０１８年の終わりごろから２０１９年にかけて、日韓関係は悪化の一途をたどっており、戦後最悪といわれるレベルにまで冷え込んでしまった。その影響は、これまでの歴史認識を巡る問題のみならず、アジアの安全保障を含む政治分野全体に広がってきた。徴用工問題に始まり、２０１９年８月２日には、安全保障上の輸出管理で優遇措置をとる「ホワイト国（優遇対象国）」から日本が初めて韓国を除外するという政令が閣議決定施行されたのだ。

また韓国政府は、同月22日に、日韓防衛当局間で軍事機密のやりとりを可能にするＧＳＯＭＩＡの破棄を発表し、さらにその３日後の25日には、韓国海軍が竹島（韓国名：独島）の防衛を想定した２日間の軍事演習を、２０１８年のおよそ倍となる規模で開始した。

関係の悪化は政府間だけではない。同時期には、両国の民間人の往来が減少する等、双方の文化交流や人物交流にまで影響は広がった。２０２０年７月には東京五輪も控えており、日韓関係が今後どうなっていくのかが気になるところである。

こうした韓国側の対応について、諸外国からの懸念の声も高まっている。特に米国は、韓国側の対応について、日米韓の安全保障協力や米韓同盟、さらにはアジア地域の安全保障に大きく影響すると認識しており、同国国務省も批判を行っている。とりわけＧＳＯＭＩＡ破棄は、核やミサイルの開発を継続する北朝鮮への抑止力の低下にもつながる。日米韓の安全保障協力が崩れれば、北東アジア地域における米国のプレゼンスは低下し、米朝交渉を継続するにしろ、打ち切るにしろ、自国に有利な状況になると北朝鮮が考えるからだ。何より、日米韓安全保障協力の弱体化は、中国やロシアを利することになる。

２０１９年7月23日に日本海と東シナ海上空で中ロ爆撃機が合同パトロールを実施する等、中国とロシアは最近になって軍事協力を深化させている。ロシアは自らのウクライナ侵攻に対する、米国が主導する国際社会の制裁によって、中国は米国の圧力によって、それぞれ苦しい立場に追い込まれたため、対米認識を共有することになったといわれる。２０１９年になって中国が米国との対決姿勢を固めると、中ロ軍事協力は急速に進んだ。

北東アジア地域における米国の軍事プレゼンス低下は、中国やロシアにとっても好都合な事態なのだ。中国やロシアが、自らが軍事的に優勢であると考えれば、軍事行動を活発化させるだろう。そうなれば、アジアの安全保障にも重大な影響を及ぼし得る深刻な問題である。特に、その合同パトロール当日、ロシアの早期警戒管制機が日本と韓国の防空識別圏を何度も行き来して竹島上空を領空侵犯した事案は、日韓の軍事協力の状況を確認し、あわよくば軍事的緊張を高めようとするものだ。

日韓の間に横たわる大きな溝は、本を正せば、歴史認識を巡る双方の食い違いが原点といえる。文在寅大統領は、日本政府が「ホワイト国」から韓国を除外したことについて、「歴史問題と経済を結びつけているのは明らかだ」と批判する等、徴用工問題を受けての日本の経済報復措置であると解釈しており、「日本との歴史問題」に関連付けて日本に対する反感を募らせている。一方、日本政府は歴史認識を巡る問題と輸出管理のホワイトリストからの韓国の除外は別問題としている。

韓国側の強気の姿勢は米国に対しても向けられている。異例なことだ。文在寅政権は、GSOMIAや竹島周辺での軍事訓練に対する韓国側の対応を巡る、米国からの再三にわたる働きかけや批判を無視する等しており、今後、米韓関係にもマイナスの影響を与えかねない。

そのようなリスクがあるにもかかわらず、これほどまでに韓国が頑《かたく》なで強固な態度を示す理由は様々だが、やはり最大の理由は、徴用工問題や慰安婦問題といった歴史認識を巡る問題に対する文在寅大統領およびその支持者たちの「執念」であると考えられる。今日の日韓関係について検討するにあたり、まず、この問題に対する日韓両国の認識の差異について整理する必要があろう。順に見ていきたい。

徴用工問題とはどういったものかを簡単に紹介しよう。徴用工問題とは、第二次世界大戦中、日本の統治下にあった朝鮮半島において、日本が日本本土の工場に徴用するために動員した元徴用工ら4人が、新日鉄住金（現日本製鉄）を相手どって損害賠償を求めた訴訟問題である。（同様の訴訟は、ほかにも三菱重工や不二越等、約80社を相手にして起こされている）。２０１８年10月30日、韓国最高裁判所にあたる大法院は、判決で新日鉄住金に対し、１人あたり１億ウォン

（約1000万円）の慰謝料を支払うよう命じた。

元徴用工への補償を巡っては、日本政府は、1965年の日韓請求権協定で「完全かつ最終的に解決済み」との立場を取ってきた。今回の判決も、「国際法に照らしてあり得ない」と厳しく批判している。一方の韓国政府も、慰安婦問題と異なり、2005年には、徴用工の被害者補償問題は、日韓請求権協定が定めた経済協力金に含まれるとの立場を示していた。しかし、韓国司法の判断がその政府の方針を翻したのだ。元徴用工による未払い賃金等の請求訴訟は、これまで日本では原告が敗訴となり、韓国でも敗訴が続いていた。しかし、韓国最高裁が2012年に個人請求権を認める初判断を示したことがきっかけとなり、事態が一変した。

今回も、大法院で最大の争点となった「協定で原告の賠償請求件が消滅したか」について、判決は「協定の適用対象外」と認定し、消滅していないとした。韓国の裁判所で、日本企業に元徴用工への賠償を命じる判決が確定したのはこれが初めてである。

そのため、日本政府にとってこの徴用工訴訟問題は、韓国政府が日韓請求権協定に挑戦したと捉えられる問題であるのだ。日本政府は、徴用工訴訟問題が日韓関係の法的基盤を「根本から覆すもの」だと強く反発している。

徴用工訴訟問題は、2015年の日韓合意に基づいて設置された元慰安婦の「和解・癒やし財団」の解散の動きとも併せて、日韓関係を悪化させる可能性が指摘される根深い問題なのだ。

ちなみに、日韓請求権協定とは、1965年の日韓国交正常化に伴い締結された日韓関係の法的基盤となっているものだ。日本が韓国に無償3億ドル、有償2億ドルを供与することで、互いの「請求権」問題は「完全かつ最終的に解決されたと確認する」としている。協定には、両国に紛争が起きた際は、まず外交協議で解決を図り、解決しない場合は日韓と第三国による仲裁委員会を設置し、さらにいずれか一方が委員を任命しない場合は第三国のみの仲裁委設置を定めている。日本政府は、日韓と第三国による仲裁委設置を求めていたが、韓国側は、期限だった2019年6月18日までに仲裁委員を任命しなかったため、翌19日、韓国政府に対し、第三国による仲裁委設置を求めた。韓国政府は、「我々は協定に基づく外交協議に（条件付きで）応じると提案している」とし、実質的に、要求に応じない姿勢を示した。

他方、請求権の具体的対象は明記されておらず、韓国政府は「解決された」対象に、旧日本軍の慰安婦や在韓被爆者らの問題は含まれないとの立場をとっているともされる。

そして、徴用工問題は、ついに日韓の貿易分野にまで飛び火した。2019年7月1日、韓国を対象に半導体材料の輸出管理を強化すると発表したのだ。これにより、軍事転用が可能な半導体素材の品目を韓国に輸出する際に「リスト規制」が導入され、厳格に輸出手続きを審査する本来の方法が適用されることになった。これまで対韓輸出では、企業がまとめて複数の製品を申請できたが、その措置によって、契約ごとに許可・審査が必要な仕組みに切り替わる。日本政府は「適切な輸出管理制度の導入」であり、「韓国への優遇措置の一部撤回」であるとしており、「徴用工問題への対抗措置ではない」と述べているが、韓国側は事実上の対抗措置と受け止めたのだ。

もっとも、日本の措置が徴用工問題に関連する措置であることは、安倍政権の発言等からもうかがえる。経済産業省等は、輸出管理の強化策を発表する際に、徴用工問題についてＧ20までに満足する解決策が得られなかったと説明したからである。

「反日」を巡る日韓パーセプションギャップ

日本では多くの人が、日韓問題でいえば慰安婦問題か徴用工問題を連想し、この問題が浮上する度に「いいかげんにしてくれ」という韓国疲れを示す世論も多くなる。日本人の一部は、韓国全体に対して、嫌韓感情や反韓感情を抱く傾向にある。韓国旅行然り、韓流然り、である。

ところが、観光や仕事で韓国を訪れる日本人の多くは、街中でも反日や嫌日のような雰囲気を感じることもなく、「日本から来た」と言っても、相手が親切で快く迎え入れてくれた、と驚くことが多いかもしれない。筆者が知る韓国人は、嫌韓感情を持つ日本人がイメージする韓国人とは少し違う。日本食や日本のドラマ、アニメ、村上春樹や東野圭吾の小説も大好きである。また、最近になって日韓関係が悪化するまで、訪日韓国人観光客は増加し続けていたのである。しかし、話題が慰安婦や竹島問題となると、とたんに「反日」となり、対日非難活動にまで加わる。韓国人には、「日本への好意と反日はパラレル」に存在し「共存」している、と思われるのだ。

ただし、韓国全体の対日世論については注意が必要である。対日韓国世論を見ると、ここ30年で日本に対する関心が低下しており、領土問題をはじめ、慰安婦問題や、徴用工問題に対する韓国内の社会的関心が必ずしも増加しているわけではないからだ。そのため、関心の低い層がこうした問題に対する知識を得る機会は当然少なくなり、「反日」になりようがないともいえる。

ところが、日本ではこうした事実が報じられず、韓国で起こっている「反日」ばかりが取り上げられ、断片的に大きく報じられることが多い。そうなれば、日本では、まるで韓国が国を挙げて反日活動を行っているのでは、という誤解が生まれ、日本人の持つ韓国に対するイメージがますます悪化してしまう。

前出の記者は、これが韓国における「実体のない反日」であり、その代表例として日本製品の不買運動があるという。日本製品不買運動は、これまでも度々起こったが、いずれも戦後50年にあたる節目の年や3・1独立運動の中で行われることが多かった。２０１９年に起きた不買運動は一定の影響があったが、それ以前に関しては日本製品の売り上げが落ち込むといった大きな影響はなかったとされている。しかし、そうであるとすれば、韓国や日本のメディアは、韓国の日本製品不買運動には中身がないことを知りながら、これらをこぞって大きく取り上げていることになる。

こうした実情に鑑みれば、「韓国の反日」とは、実は「日本が思う『韓国の反日』」ともいえる。これが、日韓両国間の認識のギャップの一つなのかもしれない。

また、日韓の認識のギャップは、歴史認識を巡る問題においても見られる。特に、慰安婦問題と徴用工問題における日韓間の認識の差異は顕著だ。韓国では、慰安婦問題と徴用工問題は、いずれも歴史認識を巡る問題であり、ほとんど同列だが、特に思い入れが強いといわれるのは慰安婦問題だ。慰安婦問題には「少女」というアイコンがあり、それが韓国人から様々な感情を生み出し、問題を複雑化させるのである。

一方、日本では、感情がどうこうという問題は関係なく、徴用工問題の方がはるかに重く、深刻な問題として受け止められる傾向にある。日韓関係の法的基盤を根底から覆す問題であることはもとより、日本の企業に実害を与える問題に発展しているからである。日本は、1965年の日韓請求権協定で「解決済み」とする立場を示している。そのため、日本では、韓国の動向は日韓基本条約の根底に挑戦しようとする動きとして捉えられるのである。しかし、韓国国内でも、自らの正義に固執する文在寅大統領は、日本がなぜ徴用工問題に大きく反応するのかさえ理解できないといわれる。

こうしたことが、日韓間に潜む歴史認識を巡る問題に対する深刻なギャップを生じさせる理由なのだ。現在の文在寅政権の外交・安全保障政策を批判する韓国国内の勢力の中には、文在寅大統領が、対北朝鮮関係の改善ばかりに注力し、日本に対する配慮を全く見せず、そもそも対日政策と呼ぶべきものが見られない、と指摘する人たちがいる。同政権が日本の徴用工問題に対する姿勢を理解せず、日本が解決の糸口を探っても、韓国から真剣味を感じさせられる対応が得られない、というのがパターン化してしまっているのだ。しかも、韓国政府の一部では、韓国に対する日本政府の輸出管理の優遇措置撤廃の動きは第25回参議院選挙用だろう、との受け止めも出ていたというから、なおさら日本の真剣味は伝わらないのが現状だ。

日韓議論が決して交わらない理由

なぜ、日韓関係、とりわけ歴史認識を巡る問題で両国の関係がこれほど複雑に悪化してしまっているのだろうか。問題の本質について考えてみたい。日韓の間に広がる嫌悪感情の原因を理解する際の一助になるだけでなく、今後の日韓関係について検討する際に不可欠となるからだ。

日本においては、韓国が世界中で「反日」的な活動を行っていることが、国際社会で日本が悪者扱いされ損害を被る原因であると捉えられる。日本にしてみれば、韓国がことさらに反日を叫んでいると捉えられるのであるから、日本人の嫌韓感情が刺激されるのは当然であるともいえる。また、日韓間の政治的問題が「繰り返し」生起することも、日本人が韓国の反日的言動に対して「いいかげんにしてほしい」と感じる原因の一つであろう。

一方の韓国は、日本が考える韓国の対日観ほど単純なものではない。韓国では、「正義」の追求が常に問われる。先述のとおり、韓国は長年にわたって経済的にも軍事的にも貧しく、したがって、自らのアイデンティティの存在を、「何が正しいか」、「何が正義か」という「大義名分」論によって自らの正当性を主張するより他なかったという。「実利より大義名分」というわけである。韓国のパブリック・ディプロマシーも、韓国にとっての「正義」と「正しさ」を主張するものといっても良いだろう。なぜこうした考え方が生まれるのかといえば、韓国が中国の儒教文明の影響下に置かれたことに起因するといわれる。そのため、韓国はいまだ儒教的考え方が強く、「道徳」が何よりも優先されるのだ。

こうした考えを重んじるあまり、歴史の厳密な真実よりも、誇らしい過去を強調するため、日本からの支配を受けた過去が許容できず、日本の統治の違法性を主張し、その「残忍性」や韓国が払った大きな犠牲を、国際社会に訴える。そのため、1965年の日韓基本条約や日韓請求権協定という「国際約束」よりも韓国にとっての「正しさ」を主張するのである。そして、慰安婦問題にしろ、徴用工問題にしろ、韓国にとって日本が韓国に対して行った行為は、現代の国際社会で批判を得られやすいように「人権を侵害する問題」として掲げられ、国際社会にとって「正しくない」と主張される。自ら（韓国）が正しいと主張するためには、日韓基本条約や請求権協定等一顧だにされない。これは、韓国が国際社会で生き残り、存在感をアピールするための唯一の武器となっているともいえる。

対する日本は、韓国とは真逆の考え方といえるだろう。朝鮮半島の専門家によれば、武家政治文化（サムライ文化とも呼ばれる）に基づく社会である。サムライ文化では、「約束」が何より優先され、「守る」ことが重視される。したがって、1965年条約での決め事や、朝鮮統治の合法性、そして韓国の近代化への貢献ばかりを主張する傾向にあるとも指摘される。この文化的な差異が、2国間の決定的な違いである。

こうした文化の違いは、例えば竹島問題にも表れている。この問題を巡っても、韓国は、「日本が挑発している」というが、この主張は、日本が歴史教科書や外交文書等に「竹島は日本固有の領土」と記すといった行為に対してなされている批判であろう。しかし、日本にとっては竹島は日本固有の領土であり、「韓国の主張に対して黙っていると、竹島が韓国の領土であると認めることになり、記述しないわけにはいかない」のであるから、当然の対応である。しかし、韓国ではこれが「日本が先に手を出した」「挑発している」と主張されるのである。文化の違いでもあり、法に対する意識の違いでもあり、「喧嘩の仕方」の違いとも呼べるかもしれない。

では、いったいいつから日韓は歴史認識を巡って対立を繰り広げるようになってしまったのだろうか？　韓国は司法・立法・行政のバランスが取れておらず、司法は自らの独立をことさら強調し行政への配慮がない。このことが、かつて日韓の間で結ばれた合意等があたかも無効であるかのように韓国が振る舞うといった状況が生起している原因の一つと考えられる。

韓国の司法・立法・行政のアンバランスは、１９８７年の民主化に端を発する。韓国の民主化は、当然、司法にも民主化をもたらした。民主化によって司法がプライドを回復し、ことさらに「司法の独立」を主張するマインドを生じさせ、行政にも介入するようになったのである。１９８８年9月に設立された憲法裁判所では、約30年足らずのうちに、５５０件を上回る違憲判決が出されている。

日本との関係では、２０１１年8月に憲法裁判所が、「日本軍の慰安婦被害者の賠償請求権に関して、韓国政府が具体的解決のために努力していないことは違憲行為である」との判決を出した。また、２０１２年5月には韓国大法院（最高裁判所）が元徴用工の個人請求権を認めている。他方、慰安婦問題に関して、２０１８年11月、韓国政府は、２０１５年12月の日韓合意に基づき設立された「和解・癒やし財団」を解散した。

さらにいえば、東アジア情勢の変化も、一つの要因であろう。冷戦終結は、国際システムの変容をもたらした。韓国は経済成長を成し遂げ、民主化を遂げ、そして１９８８年にはソウル五輪を開催し、堂々と国際社会の仲間入りを果たしていくこととなる。さらに、中国が目覚ましく発展していき、世界2位の経済大国に躍り出た。中国の経済発展は韓国の対中意識を変えることとなり、中国への経済依存や外交面での中国重視が進展していったのだった。

韓国の中国重視論については、先に詳述した通りであるが、中国の急速な発展による韓国を取り巻く環境の激変は、韓国の対日意識をも大きく変えることとなり、自国の安全と経済発展のために、日本との友好関係を優先する必要がなくなり、日韓関係は「正しさ」を巡る歴史摩擦へと姿を変えていったのだと考えられる。

本来ならば、１９６５年の請求権協定締結時の日韓の議論に、慰安婦問題が含まれていなかったという韓国政府の主張や、現行憲法で過去を判断するといった対応は、国際的な基準でいえば認められない。しかし、「道徳的」に善悪を判断することに意味があり、今からでもそれを「正すべき」と考えるのが、韓国なのである。

現在の、そして今後の日韓関係を考える時、一番の問題は、韓国が儒教を重んじる国だからでもなく、両国間に文化的差異があるからでもない。両国が、ここに述べてきた文化等の違いを、わかり合おうとも、理解しようともしないことにこそ問題があるのではないか。日本は、韓国の歴史的な環境の変化と、それに伴う世論の考え方の変化を理解しないまま、韓国とまともな議論ができる等と、期待してもうまくいかないだろう。

日韓関係、特に政府間関係が冷え込んでいる状況にあっても、民間シンクタンクや大学等では、例えば研究者、特に若手研究者同士の交流は進めていくべきとの考え方も一部にはある。この認識は極めて重要であり、政府レベルでもこうした認識に立ち、日本の魅力やソフトパワーを発信するといった一方通行の働きかけのみならず、韓国の有識者や学生等との研究者交流、人物交流等を促進させ、韓国の考え方等についても理解を深め、両国間関係にとって将来性のあるパブリック・ディプロマシーの取り組みをますます促進されることが望まれる。パブリック・ディプロマシーにとって時期は勝敗を左右する重要な要素の一つとなるが、両国間関係が冷え込んでいる時期だからこそ、積極的に展開するべき取り組みは多くあるはずであり、それらの内容も大いに議論する必要があるのではないか。

第5章

各国が火花散らす「イメージ」を巡る戦い

これまで、日本をはじめ、中国や韓国のパブリック・ディプロマシーがどのように展開されてきたかについて考察してきたが、本章では、日本を取り巻く各国の取り組みに関し、最新の状況について検討していきたい。その上で、安倍政権下のパブリック・ディプロマシーがいかなる成果を挙げているのかについて、考えてみることとしよう。

この作業は、現在の日本が、これまでの国際世論を巡る環境より、もう一段階厳しい状況下にあることを示唆するものであり、国際情勢に適応した柔軟なパブリック・ディプロマシーが重要であることを認識し、その方途を検討するために重要である。

「チャイナ・ウォッチ」が日本進出！

中国政府が運営するチャイナ・デイリー社が発行する「広告」の「チャイナ・ウォッチ」。世界の有力紙へ働きかけや資金提供を行うことで海外進出を果たし、海外の新聞記事や折り込みの中で、「広告」とは考えられないような構成や論調によって対外発信を行っている。その全貌については、詳しくは第2章を参照されたい。

最近、この中国のメディア戦略の対象に日本も含まれるようになり、「ひとごと」ではなくなってきた。国内ではあまり知られるところではないが、２０１６年から、国内の一部の新聞に「チャイナ・ウォッチ」が折り込まれるようになったのである。

内容は様々だが、中国国内の動きや政府の取り組みについて、魅力的かつポジティブな観点から取り上げられることが多い。例えば、新疆ウイグル自治区を「観光地」として整備するという内容もその一つだ。同地域は、イスラム教徒の少数民族ウイグル族が居住しており、中国がウイグル族の人権を侵害し、弾圧しているとして、欧米諸国から批判が高まっていることで知られる。

ガーディアンの報告によれば、米国や欧州では、中国は対象国の複数の主要新聞・メディアに「広告」を織り交ぜているが、日本は欧米と比較しても新聞の発行部数が多く、一般家庭への普及率が比較的高いため、それだけ世論は新聞の影響力を受けやすいともいえる。

こうした中国の日本に対するメディア戦略には、中国なりの狙いがあると見られる。その一つに、日米離反が挙げられるだろう。米国からの対中圧力が強まるにつれ、米国の同盟国である日本を米国から切り離すことが、中国にとって重要になってきており、中国の焦りであるとも考えられる。

筆者の経験に基づけば、(第2章で紹介したが)２０１２年9月に米国において「尖閣諸島は中国に帰属する」との「チャイナ・ウォッチ」が出回っていた頃、米国の大学の国際政治学の講義でも、尖閣諸島を巡る日中対立が取り上げられていた。講義の中では、中国当局が「広告」の中で使用した尖閣諸島の写真が使われ、大きな階段教室の一番奥にある巨大スクリーンにパワーポイントで映し出された。

「アジアではこんな小さな岩のような島を巡って対立している国もある」といった調子で、尖閣諸島を巡る日中対立について、教授の講義が行われたが、概要の紹介のみで、なんともあっさりと終わったことに失望感を覚えた。

まさに、尖閣諸島を巡る日中対立の最中、日本では一部ネット上での中国たたきがあり、政府や外務省は中国の主張への対応に追われていたが、リアルタイムで目にし、耳で聞いた米国の反応や立場は、日本とは大きな温度差があるように感じられた。日本の同盟国である米国でも、日本の立場が全面的に支持されているわけではないのだと認識した瞬間であった。

現地でも感じたことであるが、米国の認識と日本の危機感との間のギャップがあまりにも大きいように感じる。「チャイナ・ウォッチ」に関しても、筆者が数年前にワシントンにある有名シンクタンクの一部研究員らにインタビュー調査を行ったところ、「あんなものは誰も真面目に読まない。我々はプロパガンダとわかっている。目を通して捨てる、あるいは目を通す前に捨てるだけだ。もちろん、田舎の方に行けば、そんなことも知らずに目を通す市民もいるだろうが……」と苦笑していた。

「我々」とはどの範囲を指すかは不明だが、話の流れからは、少なくともワシントンの（有識者の）中では一定の警戒感は出てきていたということだろう。それがトランプ政権になって、中国に対する不信感や警戒感が増大しているから、なおさらだ。

他方、日本はどうだろう。いったい何人の日本人が「チャイナ・ウォッチ」の存在や、中国の世論工作が日本でも展開され始めたことを認識しているのだろうか。

情報通信技術の発展とインターネットの普及により、情報は偏り、操作され、視聴者や読み手は自らの嗜好に沿ったニュースだけが選択されて供給されていることに気付かないという状況が起こっている。「フェイクニュース」までもが出回り、実際に２０１６年の米大統領選にも影響を与えた。

日本国内においては、「チャイナ・ウォッチ」の存在や、その役割自体を知っている人は多くない。そうした中、「広告」が目に触れればどうなるだろうか。中国の「借り船戦略」とは知らず、そこで取り上げられている内容は新聞社の論調であると、誤った解釈がなされるかもしれない。日本政府としては、「これはれっきとした中国の世論工作だ」と説明し、警告をならすのが賢明かもしれないが、そもそも「広告」の存在や中国の戦略を知らない人にとっては、広告記事の内容の解釈は自分次第となってしまっている状況なのだ。

「危機管理」という言葉が、この問題への対応を考える際、いつも頭に浮かぶ。国家としての危機管理はもとより、国民一人一人の意識改革も必要となる時期を迎えているのではないだろうか、と。もちろん、メディア側の判断も重要である。メディア側が理念と主導権をしっかりと持ち、「ゲートキーパー」の役割を果たす努力も必要となるだろう。

それに加え、国民の意識づくりも重要となる。情報が飛び交う中で、一方向のみに偏ることなく、異なる見解や少数派の意見等、多様な視点で情報を汲み取り、情報を正しく判断する力を養う努力を続けるべきであろう。

中国のシャープパワーの矛先が日本に向いた時、国家やメディア側の対応はもちろん、我々一人一人が、それをどう解釈し、どう対応するかも、危機管理の重要な一部分なのである。

映画『主戦場』の日本全国公開がもたらすもの

２０１９年４月20日に日本全国で公開された、あるドキュメンタリー映画が話題を呼んだ。日韓関係を検討するに際し、この映画で描かれる内容や、様々な視点について紹介したい。なぜなら、この映画は、第三者の視点で制作された形式をとっており、かつ、日本国内への衝撃が大きい作品となっているからだ。

その映画とは、『主戦場―The Main Battleground of the Comfort Women Issue』というドキュメンタリー作品だ。タイトルが示す通り、また、特に筆者がこれまで指摘してきたように、慰安婦問題を巡る「主戦場」を米国と位置付け、日韓の対立に焦点を当てた作品だ。慰安婦問題の中心にいる日本・米国・韓国のいわゆる「右派」・「左派」と呼ばれる政治家や学者、アクティビスト、ジャーナリストらが、慰安婦問題をどのように見ているかをテーマにしているのである。

この映画は、当然のように韓国で高い評価を得た。２０１８年の第23回釜山国際映画祭のドキュメンタリー・コンペティション部門の正式招待を受け、韓国で上映され、その後日本で上映されることが決まった。そして、この作品が日本で公開され、物議をかもすことになったわけである。

監督を務めたのは、日系米国人のミキ・デザキ氏だ。同氏は、日本政府がパブリック・ディプロマシーの一環で行っているＪＥＴプログラムの外国語指導助手として２００７年に来日し、英語教師を務めた経歴を持つ。英語教師として教壇に立つ傍、自身の日本での経験をもとに制作した動画をＹｏｕＴｕｂｅに投稿しており、その中でアップした日本における「人種差別」をテーマとした映像作品は、一部のネット世論の激しい攻撃の対象となり、脅迫被害にまで発展したこともあったという。ワシントン・ポストは、２０１３年にこれを取り上げ、米国人教師が、日本で行った日本の差別の歴史に関するレッスンについて攻撃を受けている、とネガティヴな論調で報じたのである。

２０１５年に再来日したデザキ氏は、都内の大学院へ進学し、修士課程を修了するにあたって、「卒業制作の一環」として関係者にインタビューへの協力依頼を申し出たことで、『主戦場』が誕生するに至った。

視聴者からの意見も様々だが、「他の人にも見てほしい」「スピード感がすごい」「初めて彼ら（右派や左派）の主張を正面から聞いた」といった反響を呼び、各館での初回上映はいずれも満席だったという。

同作に「今までの慰安婦問題を扱う映画と違う」との評が集まるわけは、ドキュメンタリー映画として新しい手法が取り入れられているからだともいわれる。これは、編集方法とも、イメージ戦略ともいえるかもしれない。「右派」と「左派」の論者にディベート方式で対決させるのではなく、デザキ氏が個々人を訪れ、インタビューを行い、さらに大量のニュースや新聞記事等の情報から、デザキ氏本人による検証と分析を織り込み、対立する主張を反証させ合って、一つの大きな流れを作っていくという手法だ。音響効果やデザキ氏によるナレーションもシャープに、そしてスタイリッシュに入れ込まれており、息を呑むほどの臨場感が伝わって、視聴者を飽きさせないのだ。

また、何といっても、これまで切り込まれてこなかった問題において、日米韓の中心的人物の発言にスポットライトが当てられていることが、視聴者を惹きつけるポイントであろう。特に注目すべきは、これまで日本が対米説明で「切り札」と見なしてきた「ＩＷＧ報告書」について、信ぴょう性が崩れるという展開だった。「ＩＷＧ報告書」とは、米国政府が、クリントン、ブッシュ政権下で8年間かけてドイツと日本の戦争犯罪に関する調査を行い、２００７年に出された報告書だ。日本では、これを米国人ジャーナリストらが「調査」し、「慰安婦を奴隷としたとする米国政府の文書は見つからなかった」等と報じられたが、映画の中で鍵となる登場人物は、そのスクープを報じた米国人ライターに「前代未聞の」金額の「調査費」を支払わされていたと暴露し、さらに米国政府の調査は実際にはほとんどがナチスの戦争犯罪の検証に当てられており、報告書の中に慰安婦問題に関する情報を見つけることは、「キッチン棚で靴下を探すような行為」であると述べ、自責の念を示した。

映画『主戦場』は、現在の日本政府の立場に疑問を投げかける可能性があり、「問題作」ともいえるかもしれない。筆者は、「チョットすごい映画が公開されるらしい」と研究者仲間から聞き、公開初めの週に観に行ったのだが、本作を劇場で鑑賞して、衝撃を受けた。同作の何が問題かといえば、「慰安婦問題」が題材ということではなく、クライマックスが「ＩＷＧ報告書」に関する「事実」が描かれているということでもない。全体の構成が結果的に、韓国のイメージ戦略を補完するものとなっていたからだ。効果的な編集方法や音楽を駆使しており、さらに、日本の「右派」と「左派」の意見を同等に（平等に）織り交ぜているかと思えば、エピソードが進むにつれ、まるで「右派」の主張が非論理的であるかのような印象を視聴者に自然に与える映像のつなぎ方になっているのだ。映画の中では、いわゆる「否認主義者（デナイアリスト）」や「歴史修正主義者（レヴィジョニスト）」とされる「右派」グループと、その対極としての学者らの「左派」グループ、総勢27人が出演する。その出演者の選定も、「右派」とされる人々よりも「左派」として選定された人々の中の学者の人数が圧倒的に多くなっている。一方の「歴史修正主義者」とされた側には、学者がほとんど登場しないという問題も提起されている。「歴史修正主義者」側の学者とされる出演者についても、デザキ氏自身が記者会見で歴史の専門家ではないとしている。こうした観点からも、平等性が担保された論理展開になっているとはいい難いため、「問題作」なのである。

早速、同作について日本の中で問題視する声があがった。『主戦場』の中でインタビューを受けて登場した人のうち、「否認主義者」や「歴史修正主義者」とされた出演者が、都内で記者会見を開き、「大学院生の卒業プロジェクトに協力したつもりが、保守をたたくプロパガンダ映画になっている。だまされた」と抗議したという。これに対し、デザキ氏は反発。「一般公開も考えている」と事前に伝えていたことや、出演者との間で合意書や承諾書を取り交わしたことを主張した。

海外の受け止め方はどうだろうか。報道によれば、韓国では、「日本人が『主戦場』に関心を持って観に行っていることに関心が高まっている」ようだ。韓国にとっては、日本人にはぜひ観てほしい作品なのかもしれない。

同作品は第三者によって作成されたものであるため、韓国政府が直接関与するパブリック・ディプロマシーとはいえない。しかし、今後、韓国が慰安婦問題を巡るパブリック・ディプロマシーの切り札として使用する恐れもあれば、慰安婦像・碑の設置活動に影響を及ぼすことも想定される。デザキ氏は、本来、慰安婦問題には関わりのない第三者の立場にある人物だが、『主戦場』は、第三者の視点を用いてこそ描ける作品であり、それは、いわゆる「国際社会から見た慰安婦問題」の一つと評価される理由となっている。これは、韓国が慰安婦問題の国際化で目指すところと同じ視点といっても過言ではない。パブリック・ディプロマシーでも、第三者発信といった手法は用いられており、客観的かつ広く一般世論に問題の争点を普及させるためには有用とされる手法だ。映画『主戦場』に見られる第三者発信という発信ツールの用いられ方は、今後注目すべきところである。

『主戦場』は、韓国政府のパブリック・ディプロマシーやロビー活動等と一切関係のないところで、結局、イメージとなって発信された。そのイメージには、制作者の主観も入るのだが、今回の制作者は米国人だった。そして、その結論は、慰安婦問題の終着点を論ずるものとなっていない。同作の最後の展開は、慰安婦問題の根本ではなく、安倍政権が歴史を見直し、日本が「再軍備」を目指していることに対する疑問符だった。米国の一部の有識者やメディア関係者からは、慰安婦問題を含めた歴史や憲法に向き合う安倍政権の姿勢に対する不安感や不信感を示す声も聞かれる。安倍政権が、歴史を否定し、書き換えようとしているのではないか、といった論調だ。デザキ氏の日本の視聴者に向けられた最後の見解は、極端ではあるが、これら一部の意見を彷彿とさせるものであった。

「米国人として、再軍備が正しいかどうか、口出しするつもりはない。しかし、日本にとっての再軍備は、米国が始めた戦争で戦うことを意味する。だから、自らに問うてほしい。本当に私の国が始めた戦争で戦いたいのかと」

シャープパワーを用いて欧州選挙に介入するロシア

昨今、欧米を中心に、ロシアによるサイバー攻撃や世論工作に対する警戒感が増大している。ロシアは、シャープパワーを行使する国として、中国と並んで米国から非難の対象とされている国だ。例えば、2016年の米大統領選への介入、いわゆる「ロシア疑惑」をはじめ、数々のサイバー攻撃や、ロシア国営メディア等による「プロパガンダ」活動を行っているとされている。

ロシア当局はこれを否定しているものの、これが本当だとすれば、欧米社会にとって深刻な脅威である。

米国政府等が主張するところによれば、ロシアのサイバー攻撃や世論工作は、大規模かつ組織的に行われることが多い。米国では、こうしたロシアの企てについて、「過去に直面した脅威の中で最も深刻」とする見方が示されるほど、強い警戒感が示される問題となっている。ロシア企業「インターネット・リサーチ・エージェンシー（ＩＲＡ）」等が２０１６年の米大統領選や２０１８年の米中間選挙で情報工作したとされている。こうしたインターネット上で世論を操作する組織はトロール部隊とも呼ばれ、組織の拠点がロシア第２の都市サンクトペテルブルクに所在する等と報じられている。

そして、ロシアの試みは、欧州にも向いたようだ。例えば、２０１８年6月頃、ロシアが自動投稿プログラム「ボット（ｂｏｔ）」を使用し、ＮＡＴＯに関する偽情報をＴｗｉｔｔｅｒ投稿によって大量に流出させていたことが、ＮＡＴＯ戦略的通信研究センターの調査で明らかになった。さらに、２０１９年5月23日から26日に行われた欧州議会選挙において、ＳＮＳを通じて、ロシア発の偽情報を拡散させていたとの疑いが持たれている。この選挙は、欧州統合を支持する勢力と、統合に反対し極端な民族主義を唱える極右ポピュリズム勢力の大激戦となったが、この背景には、欧州社会を分断し、政治を不安定化させようとするロシアの狙いがあったと指摘されている。

さらに、ネット上に拡散した偽情報は、ロシア政府に加え、極右グループによるものも存在したことが確認されている。ニューヨーク・タイムズによれば、EUの捜査機関等は、今回使われた手法やデジタル痕跡は、2016年の米大統領選への介入でロシアが使用したとされるものと類似点が多いと報告した。

しかし、ここで一つの問題が浮上した。「コピーキャット（模倣者）」の存在である。米国では、ロシア政府の考えや戦法を模倣する組織や国が出現していると警告されており、ロシアによる選挙介入を巡る問題は、こうしたコピーキャットが出現したことにより、問題が複雑化したといえる。欧米社会に流通する情報が、模倣組織による偽情報なのか、ロシアによるプロパガンダ作戦なのか、あるいは正当な政治論争なのか、その区別がますます難しくなっているからだ。

ロシアの手法を模倣するグループには、極右勢力が多いと報じられている。欧州において極右ポピュリズムが出現した背景には、2008年に始まった経済不況と財政危機の影響を受けた失業や貧困の増大、また繰り返された痛みを伴う緊縮計画があったと分析されている。ここに、公務員の腐敗やスキャンダルが拍車をかけたという。また、移民や難民の問題も加わっている。極右ポピュリストは、2014年の欧州議会選以降、急速にその勢力を拡大したといわれる。

そうした中で、一部の極右ポピュリズム勢力が、資金援助や協力を求めてロシアに接近する事態へと発展していると報じられているのだ。一方のロシアは、EUや欧州の分断を望み、こうした勢力との利害が一致すると考え、ロシア政府の主張に同調する極右ポピュリズム勢力とつながり、欧州分断工作を仕掛けているとの見方も広がっている。

欧州議会選へのロシアの介入は、明らかにシャープパワーの行使であり、情報戦を仕掛けていたとみられる。他方、ロシアがソフトパワーを重視したパブリック・ディプロマシーを全く行使していないのかといえば、それは誤りである。ロシアは、これまで、パブリック・ディプロマシーの必要性も理解し、展開してきた。それは、ロシアが世界から、とりわけ米国から「嫌われている」という自覚を持っていることに他ならない。

冷戦期は、東西の政治的対立やプロパガンダ作戦により、偏った情報しか得られない時代であった。そのため、対ソ理解も進まず、いわゆる西側諸国の対ソ世論は、批判や偏見によって築かれていった。

1991年の冷戦終結とソ連崩壊後のロシアは、民族や宗教、土地を巡る紛争が表面化する等、数々の問題と直面することとなる。こうした問題の処理を優先させたことによって、対外的なイメージ戦略を展開してこなかったため、欧米諸国の対ロ世論は改善されず、引き続きネガティヴなイメージが持たれていた。

しかし、2000年代前半、世界的な石油価格の高騰等による石油ガスの輸出額の増加等の影響で、ロシアが経済的成長を遂げたことにより、ロシアの認識が大きく変わることとなる。ロシアは大国としてのイメージを世界に発信し、海外からの投資を呼び込むためにも、自国のイメージの回復が不可欠であるとの認識に立ち、本格的にパブリック・ディプロマシーを展開していくこととなっていったのである。

ロシアのイメージ戦略の限界とジレンマ

そこで、まずロシアが重視したのは、メディア戦略であった。ロシア政府がスポンサーとなり、「Russia Today（RT）」や「Russia Beyond the Headlines（現 Russia Beyond）」を立ち上げ、主に米国をターゲットとし、北米や欧州向けに情報発信サービスを展開した。

さらに、ソフトパワー戦略では、人物交流や文化交流に注力した。Russkiy Mir 財団やロシア連邦交流庁（Rossotrudnichestvo）等を設立し、ロシア語や文化等の普及に努め、また、留学生やプロフェッショナル同士の国際交流事業等を積極的に行っていった。

しかし、こうしたソフトパワーを重視したパブリック・ディプロマシーは、努力の甲斐もあまりなく、大方の欧米諸国のロシアに対する見方はネガティヴなものにとどまっているのが現状だ。特に米国社会においては、ロシアのパブリック・ディプロマシー自体が「プロパガンダである」といった受け止めも多く、いまだにロシアのソフトパワーを駆使した外交努力が評価されるまでには至っていない。

なぜ、ロシアのパブリック・ディプロマシーに効果が出ないほど、米国世論のロシアに対するネガティヴなイメージが根強いのだろうか。それは、メディアやハリウッド映画界が、こうした米国の対ロ観を形成していったともいわれる。

米国では、メディアがロシアについてネガティヴな側面から報じることが多くなっているが、それは米メディアが、ロシアやロシア人に対する嫌悪感を背景とした理不尽な尺度からロシア関連報道を行う傾向にあるからだとの見方もある。

こうした国際社会での対ロイメージの悪化は、2008年のジョージア（旧：グルジア）との戦争や、2011年から2012年にかけての反プーチン・デモ、さらにはウクライナ危機等を発端としており、また、海外メディアのロシア批判がより厳しくなっていったのは、プーチン大統領が政権に返り咲いて以降といわれる。それに続き、シリア内戦への介入を含むロシアの中東での影響力拡大といった、ロシアの種々の動向や政策が、欧米社会の対ロイメージや世論の悪化に拍車をかけていったと考えられる。

さらに、ロシアの文化といったソフトパワーの効果については、欧米のアカデミック分野において、ロシア文学等への需要が低下していることも影響している。研究対象がロシア文化や文学となることも減ってきており、そのため、正確なロシア文化が世に広められにくくなっているのである。そうした中で人々は、ロシアに対するイメージ形成を、ハリウッド映画で描かれるロシアに頼るしかなく、こうしてマイナスイメージが定着していったともいわれる。確かに、ハリウッド映画で描かれるロシアは、大抵は悪役で、「マフィア」や「スパイ」、「ＫＧＢ（旧ソ連国家保安委員会）」といった配役やキーワードが用いられることが多い。ネガティヴなステレオタイプが浸透しているといえるだろう。

もちろん、ロシアが展開するパブリック・ディプロマシーは、改善の余地が大きい。ネットワーク形成とその活用の必要性についてはすでに指摘されているところであり、例えば、ロシア外務省のSNS発信は、ロシア語がメインであり多言語化されていないこと、また、アカウントのフォロワーとの双方向性のあるコミュニケーションが行われていないといった指摘もある。

しかし、米国や欧州の社会では、ロシアに対するステレオタイプな見方や、ネガティヴなイメージが強いため、ロシアがどれだけ純粋で穏当なパブリック・ディプロマシーを展開し、バイアスのない公平なメッセージを発信したとしても、こうしたイメージが妨害して、メッセージ自体が受け入れられにくく、「プロパガンダ」や「世論操作」であるとの受け止めにとどまってしまっていると考えられる。

米国当局が指摘するところの、いわゆる「権威主義国家」が展開するパブリック・ディプロマシーには必ず国家の体制や過去のイメージが付きまとい、「民主主義国家」では受け入れられない、ということとなのかもしれない。そもそも、民主主義国家と体制が異なるため、欧米の価値観に基づいたパブリック・ディプロマシーとは相容れないことは、当然かもしれない。それとは逆に、欧米からのパブリック・ディプロマシーが、ロシアから「スパイ活動だ」等と非難されることもある。過去には、英国のパブリック・ディプロマシーの代表格でもある国際文化交流機関の「ブリティッシュ・カウンシル」が、ロシアにおいて「スパイ活動の前線である」と批判され、ロシア政府が同機関の職員を聴取する等の対応に踏み切ったことで、英国との関係が悪化した事例もある。また、2018年のいわゆる「スクリパリ氏服毒事件」では、英国のメイ首相（当時）がロシアが関与した可能性を指摘、報復措置をとったが、これに対しロシア外務省が「英国による根拠のない非難」とし、報復措置として在サンクトペテルブルクの英総領事館とブリティッシュ・カウンシルを閉鎖するとの声明を出した。

いずれの国であれ、相手国に受け入れられないからといって、パブリック・ディプロマシーを諦め、政治宣伝やサイバー空間を利用した世論工作、さらに政治・軍事介入といった手段に出れば、民主主義国家は自国に対する直接の脅威だと認識し、決して野放しにはしないだろう。ロシアはそのことを理解すべきである。

実際に欧州では、ＦａｃｅｂｏｏｋやＴｗｉｔｔｅｒ、Ｇｏｏｇｌｅによって、偽情報を制限するという規範が定められることとなったものの、確実かつ完全な排除は難しく、相当な努力が必要であろう。専門家によれば、偽情報を量的に分析することも、完全に阻止することも難しい。政府と企業との連携により、取り締まりが強化されることが必要だろう。

あらゆる「脅威」がはびこり、イメージを巡る国家間の対立が激化する今日の国際社会だからこそ、真の意味でソフトパワーに関連したパブリック・ディプロマシーに価値が見出されることに期待したい。

パブリック・ディプロマシーの産みの親・米国の苦悩

パブリック・ディプロマシーとは、米国で誕生した外交手法であることは本書の初めに述べた通りだが、それはあらゆる環境下で、形態が変化し、適合させられ、発展してきた。そしてその米国では、２０１７年に誕生したトランプ政権下の米国に対して世界から向けられる評価が低下していることが問題視され、米国の政策や取り組みに世界からの理解を得るためにソフトパワーの重要性が改めて注目されるようになってきている。今日の国家間のパブリック・ディプロマシーを理解する上で、各国がパブリック・ディプロマシーの「主戦場」と位置付ける米国において、実際にパブリック・ディプロマシーがいかなる重要性を持ち、またどのような展開を見せているかを理解しておくことは不可欠であり、その状況を少し詳しく見ておくこととしよう。

冷戦期は、米ソが、各々自由主義と共産主義体制の優位性を競い合い、両国が世界的規模でその優位性を喧伝するために大規模な対外広報活動を展開した時代であった。パブリック・ディプロマシーを定義付け、世界に定着させたのは、米国の元外交官エドモント・ガリオンであった。ガリオンの考え方は、次の通りである。

「パブリック・ディプロマシーは外交政策の立案・実施にあたっての国民の態度に影響を与えるものであり、伝統的な外交の枠を超え、他国での世論形成や各国間のグループの交流、外交問題の報道、さらには政策形成やコミュニケーション等幅広い分野にまたがるものだ」

米国では、冷戦の最中にあった1953年、米国広報文化交流局（The United States Information Agency：USIA）が設立された。USIAは、米国がソ連と張り合う中で、米国社会が体現する自由世界の優位性を訴えるために、世界で広範な活動を行ったが、その活動が単なるプロパガンダではないという意味合いを持たせるため、「パブリック・ディプロマシー」という表現が強調されるようになり、USIAが国務省と並んで外交活動の正当な機関であると印象づけたのだった。

冷戦終焉とともに、米国ではパブリック・ディプロマシーへの関心が薄れ、1999年にはUSIAが国務省に吸収され、予算規模も縮小されていったのだったが、再び米国の認識を大きく変える出来事が生起することとなる。それが、9・11テロ事件であった。9・11とその後のイラク戦争は、米国において、「なぜ米国は世界で嫌われるのか」という疑問を生み出し、とりわけ中東世界で、米国についての理解を深化させるためには、パブリック・ディプロマシーが必要であるという結論に達し、より効果的なパブリック・ディプロマシーの探求が始まった。

こうして、米国政府部内や有識者グループによる研究が大々的に行われ、あらゆる取り組みが実施されることとなった。主な取り組みは、①米国政府の主要スピーチを直ちに6カ国語で公表し、数日後に30カ国語で公表するといった取り組みや、②国務省がホワイトハウスや国防省と連携し、特別メディアセンターを設けてニュースをフォローし、迅速に対応する機能を持つといった米国内での取り組み、さらに、③ムスリムのジャーナリストの招聘事業や、Voice of America

（VOA）のアラビア語サービス「Radio Sawa（ラジオ・サワ）」や若者向けポピュラー音楽放送の開始、④9・11に関する「Network of Terrorism（テロリズムのネットワーク）」というブックレットの制作と36カ国語での配布、⑤グラウンド・ゼロの写真展の世界20カ国での開催等である。このようにして、ブッシュ政権下では、アラブの人の心を勝ち取るために様々な取り組みが行われた。

さらに、インターネットを活用した新たな広報手段が活用された。中でもブッシュ政権が力を入れたのは、メディア戦略であった。中東で影響力を持つアル・ジャジーラに対抗するため、テレビ局「Al-Hurra（アル・フーラ）」を立ち上げ、広報作戦を大々的に展開したのだ。アル・フーラは２００４年、米国政府の資金でバージニア州スプリングフィールドに設立され、アラビア語での放送を始めた。アル・フーラとは、「The free one（自由なもの）」を意味し、そのミッションを「地域、世界および米国に関する、客観的で正確なニュースを中東の人々に提供する」とし、「アイディアや意見、見方を通じ、民主的価値を支持するものである」とした。

しかし、アル・フーラのミッションは米国の想像をはるかに超えるほど難しいものであった。アラブ社会で米国に対する信用を獲得するためには、客観性を担保し、時には米国政府に関して批判的な報道も行う必要がある。しかし、そのようなことをすれば、直ちに米国議会からの反発にあうことは必至だった。そのため、米国政府に関する批判的な報道はできず、結局、アラブ社会において「米国のプロパガンダ」と見なされることとなり、アル・ジャジーラには全く対抗できなかった。

さらに、ブッシュ政権下では、アラブ社会の米国の考え方に対する理解を深めるために、米国ブランドの発信にも重きが置かれた。米国ブランドを、「世界を脅かす米国」から「思いやりのある米国」へと移行させるべく、アラブ各地に文化センターの「アメリカン・コーナー」を設立し、ラジオ放送やテレビ放送を行う等、様々な工夫を凝らした。

しかし、これもまた米国の勘違いと失敗に終わってしまった。米国のパブリック・ディプロマシーは、中東では、理解が得られず、逆に13億人のムスリムの人々を結束させることになってしまった。米国の取り組みは、ムスリムの人々に「恩着せがましい」と受け止められ、「自分たちは理解されず、尊敬されず、侮辱された」と感じさせる結果となったのであった。

中東にはすでに信頼されたニュース・チャネルが存在していることに加え、米国が自分に都合の良いメッセージを発信しても現地では信頼されなかったこと、そして、実際の米国の対中東外交政策とパブリック・ディプロマシーの間に乖離があったこと等の理由により、米国のパブリック・ディプロマシーの試みは効果を発揮できなかったと考えられる。ブッシュ政権の「テロとの戦い」路線と、それに伴うパブリック・ディプロマシーの失敗、そして世界における対米好感度の大幅な下落は、米国自身に大きな失望と衝撃を与えることとなった。

しかし、２００８年のオバマ政権発足にあたって、こうしたブッシュ政権の失敗とその要因が分析・総括され、オバマ政権は、新しくパブリック・ディプロマシーに打って出ることとなる。

オバマ政権誕生とともに、米国への期待値が一時的に上昇した。オバマ大統領はカイロでの演説で、「ムスリム世界に対し共有の利害と尊敬に基づき新たな道を模索する」と述べ、中東政策、特にパレスチナ・イスラエル紛争に優先的に取り組む姿勢を華々しく打ち出したのだ。

また、オバマ政権下のパブリック・ディプロマシーを、ムスリム対策だけでなくより広範な分野に広げることをはじめ、市民外交の重要性や、外交政策立案にあたってパブリック・ディプロマシーの役割を考慮に入れること、外国のオピニオン・リーダーや国民の行動を理解し、米国の価値の普及に努めること等が有識者によって指摘された。

しかし、オバマ政権下でも、パブリック・ディプロマシーの試みは失敗してしまう。同政権の対中東政策は、ブッシュ前政権時代の多大なダメージを修復するものであり、軍事戦略に加え、ソフトパワーの重要性に着眼していた。しかし、実際のオバマ政権の対中東政策はブッシュ政権のものとあまり変わらなかった。グアンタナモ収容所は閉鎖されず、アフガニスタンでの兵力増派が行われ、パレスチナ国家の設立も全く進まなかったのだ。このため、アラブ世界における米国に対する感情は改善されなかったのである。オバマ演説が作り出した自国のイメージや演説の内容に実際の政策手段が伴っていなければ、パブリック・ディプロマシーの成果を見ることができないことは、オバマ政権の取り組みでも証明された。さらには、米国大統領が交代しても対中東政策は大して変わらないことが明らかになるにつれ、米国への見方が次第に厳しくなっていった。

トランプ大統領の「ツイプロマシー」

そして、2017年のトランプ政権の誕生は、これまでの政権下で築かれてきたパブリック・ディプロマシーに対する認識と政策を一変させた。トランプ政権のパブリック・ディプロマシーに関わる政策の全容は定かではない。しかし、Twitterのつぶやき一つによって、世界が大きく翻弄されるという「ツイプロマシー（Twiplomacy）」が展開されている。

また、トランプ大統領は、これまでの米国のパブリック・ディプロマシーの取り組みで最重要視されてきた、誠実さを重視した対外発信や、他国、とりわけ同盟国やムスリム世界への尊敬に立脚した外交手法とは、対極的な姿勢を示している。「米国第一主義」を唱え、同盟国に対しては自国と地域の安全を維持するための負担を増加するよう要求し、NATOや国連を非難し、TPP（環太平洋パートナーシップ協定）から離脱する等、前任者の外交努力を次々にないがしろにしている。

トランプ大統領は、ムスリム世界に対して強い「アンチ・ムスリム」政策を打ち出し、一方で、露骨な親イスラエル政策をとっている。こうしたトランプ大統領の政策に対して、アラブ人の80%が否定的に評価する等、ムスリム世界において、米国に対する不満の増大を招いている。トランプ大統領の外交政策は、これまで米国が築いてきた価値観や協調を重視するパブリック・ディプロマシーとは相反するものである。

今日の米国では、ブッシュ政権とオバマ政権でのパブリック・ディプロマシーの失敗に加え、トランプ大統領の姿勢と外交政策が、結果として世界から米国に対し厳しい評価が向けられることとなっている。こうした状況を憂い、新たなパブリック・ディプロマシーのあり方を問う意見も聞かれるし、パブリック・ディプロマシーを検討する際にソフトパワーとの関連も意識されるようになってきたが、トランプ大統領はそうした意見に馬耳東風のようである。

１９９０年、ジョセフ・ナイが最初にソフトパワーの重要性を指摘し、それ以来、ソフトパワーがパブリック・ディプロマシーの重要な要素の一つとして認識されてきた。パワーとは、「自分が望む結果になるように、他人の行動に影響を与える能力」であり、そのうちソフトパワーは、相手を魅了しこちらを選択させるもの、である。

また、今日では、双方向のコミュニケーションも重要とされている。例えば、アラブの春に見られたように、ソーシャルメディアや非政府主体の役割が増大し、また国外と国内との融合により、一般市民が政治体制に大きな影響を与え、外交分野でも能動的な役割を果たす時代へと変化しつつある。これからのパブリック・ディプロマシーは、双方向での対話をより重視すべき時期にきているという意見もある。

トランプ政権下での米国の外交政策において、パブリック・ディプロマシーが再認識され、ソフトパワーや双方向性のある発信が重要な要素として取り入れられることが期待される。

第二次安倍政権下のパブリック・ディプロマシー、一定の効果も？

本来、パブリック・ディプロマシーの目的は、「相手国の国民に働きかけ、政策や取り組みについて理解や支持を得ること」である。第二次安倍政権下では、「主張する外交」のもと、領土や主権、歴史認識を巡り、国際社会において誤った宣伝がなされていることを正すために、パブリック・ディプロマシーの重要性が認識されるようになった。そこで、日本の「正しい姿」に対する「正しい理解」を得ることが重要政策とされ、大きな予算がつけられて、パブリック・ディプロマシーが強化された。

第二次安倍政権発足当初からパブリック・ディプロマシーを本格的に打ち出した２０１５年初め頃までの初期の対外発信に関わる対応を見ていくと、特に歴史認識を巡る問題では、その取り組みが効果的であったとはいえず、特に米国においてはむしろ逆効果となることも少なくなかった。河野談話の見直し議論をはじめ、「クマラスワミ報告書」の内容の一部撤回要求といった政権の動きは、米国社会から、日本は第二次世界大戦での行いを正当化し、史実を粉飾し、謝罪を撤回しようとしているのではないか、といった反応が噴出し、米国政府までもが日本の動向に疑問を投げかけるといった結果に終わってしまった。

また、第二次安倍政権発足当初のパブリック・ディプロマシーの具体的手法を見ていくと、中国や韓国からの主張に対する反論が主体であり、その反論は、在外公館をはじめ、米国で「保守

グラフ 4

米国における対日信頼度　(%)

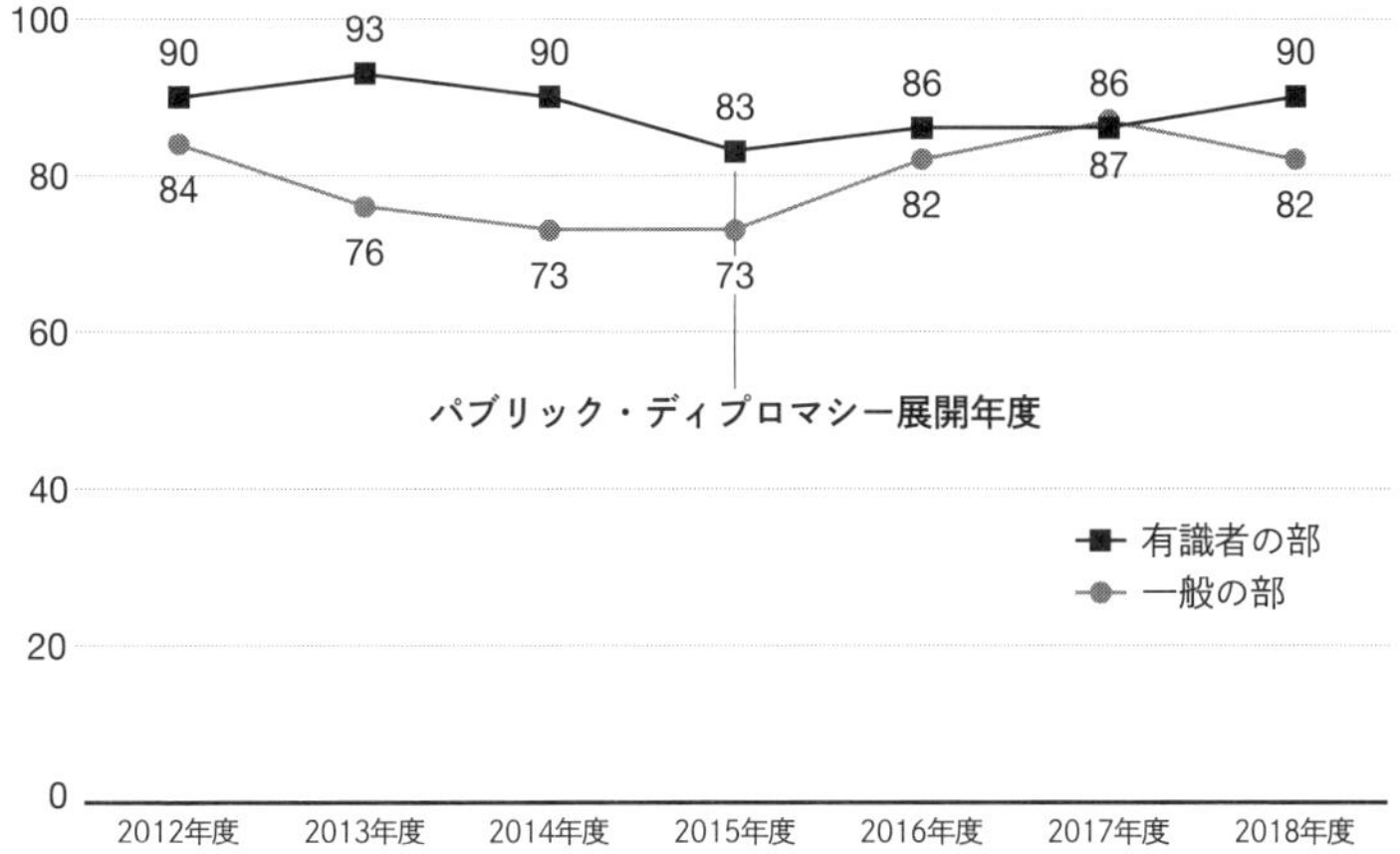

※第二次安倍政権発足年度の 2012 年度より表示　　　出典：外務省の世論調査結果をもとに筆者作成

派グループ」といわれる団体等が前面に出る形で行われていた。

　こうしたやり方は、相手国に対する尊重や双方向性が重視されるパブリック・ディプロマシーの方途が世界的に模索される中では、旧態依然としたものであり、理解を得られなかったことが指摘できる。このため、ニューヨーク・タイムズ等の報道を見ても、日本の反論が逆効果となり、むしろ日本に対してより厳しい報道がなされることもあった。

　こうした背景等があり、2015年に入って、日本政府によって新しいパブリック・ディプロマシーが模索され、大幅な予算増額がなされ、本格的なパブリック・ディプロマシー重視政策が打ち出されたわけである。その際、日本が注意したことは、日本の「正しい姿」や多様な魅力の発信、米国等の有識者らによる第三者発信、そしてソーシャルメディアを活用した双方向対話の試み等である。

さて、このパブリック・ディプロマシーの取り組みが、どの程度の成果を挙げているかであるが、パブリック・ディプロマシーの効果の測定方法は、先に述べた通り、いまだ学術的方途が見出されていない。他方、世論調査や報道分析等からある程度効果を測ることができるとの指摘もなされていることから、対日世論調査と日本関連報道の動向を参考にして検討してみたい。

まずは、対日世論動向から見ていこう。外務省の世論調査によれば、欧米諸国や東南アジア地域における日本に対する信頼度や好感度はもともと高かったが、新パブリック・ディプロマシー戦略が展開され始めた2015年度以降には、より高い水準を維持し、あるいは向上している。

とりわけ、日本は米国に対する働きかけを重視してきたが、米国の一般世論と有識者の双方において、2015年度以降の対日信頼度は上昇傾向にあると指摘できる（グラフ4参照）。

また、「重要なパートナー」に関する米国世論についてであるが、アジア地域における米国にとっての重要なパートナーは、特に2010年以降は「日本」か「中国」か、という傾向にあり、時として、「中国」が「日本」を逆転することもあったが、2015年度以降は、一般世論および有識者の双方で、安定的に「日本」が「中国」を上回るという状況が続いている（グラフ5‐1、5‐2参照）。

その他の国や地域における対日世論も見ておこう。アジア太平洋地域との関連でいえば、豪州では、対日信頼度が向上しているのみならず、日本をパートナーとする認識も拡大している（ア

グラフ5-1

米国にとってアジア太平洋地域の中で最も重要なパートナー（一般の部）　（%）

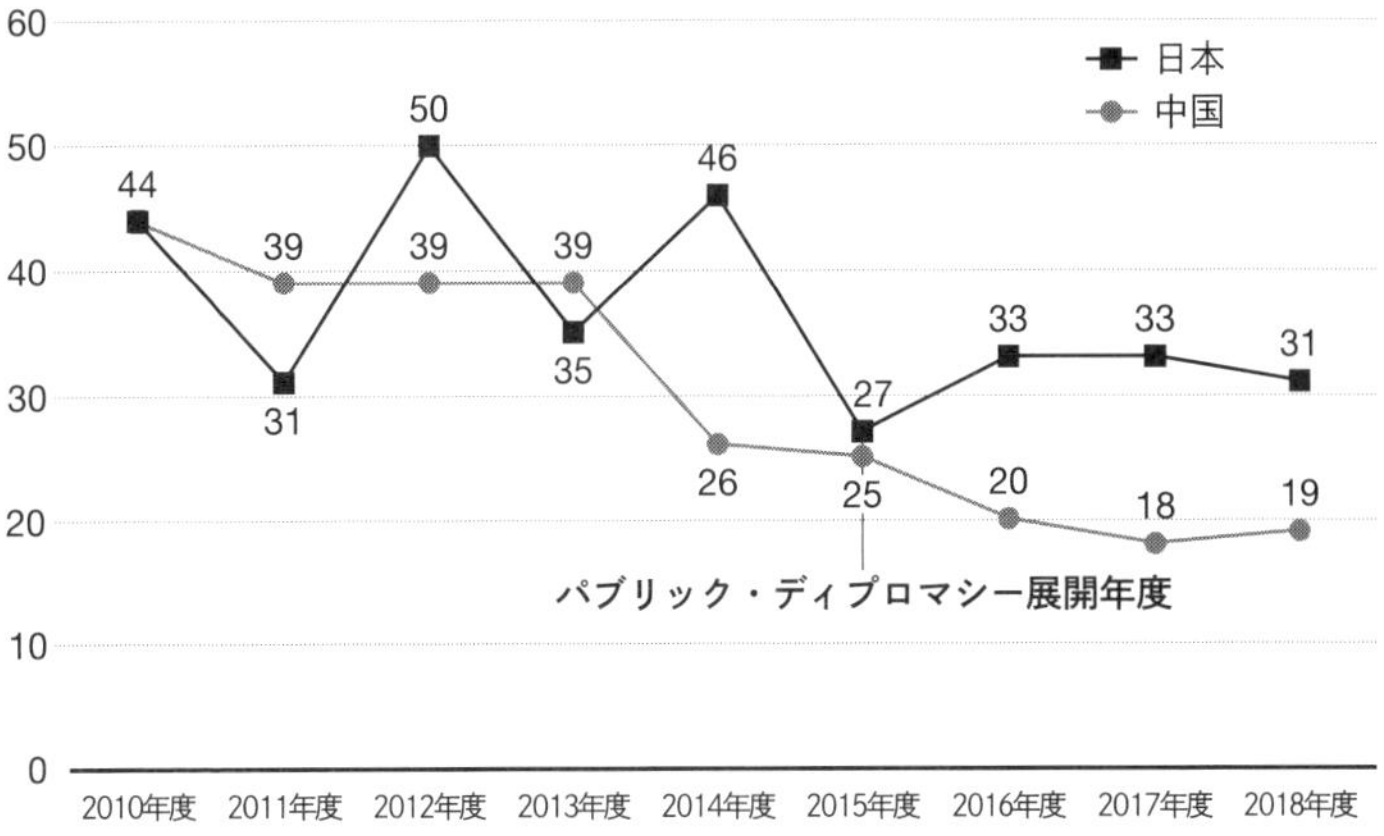

※全体の推移を見るために 2010 年度より表示　　　　出典：外務省の世論調査結果をもとに筆者作成

グラフ5-2

米国にとってアジア太平洋地域の中で最も重要なパートナー（有識者の部）（%）

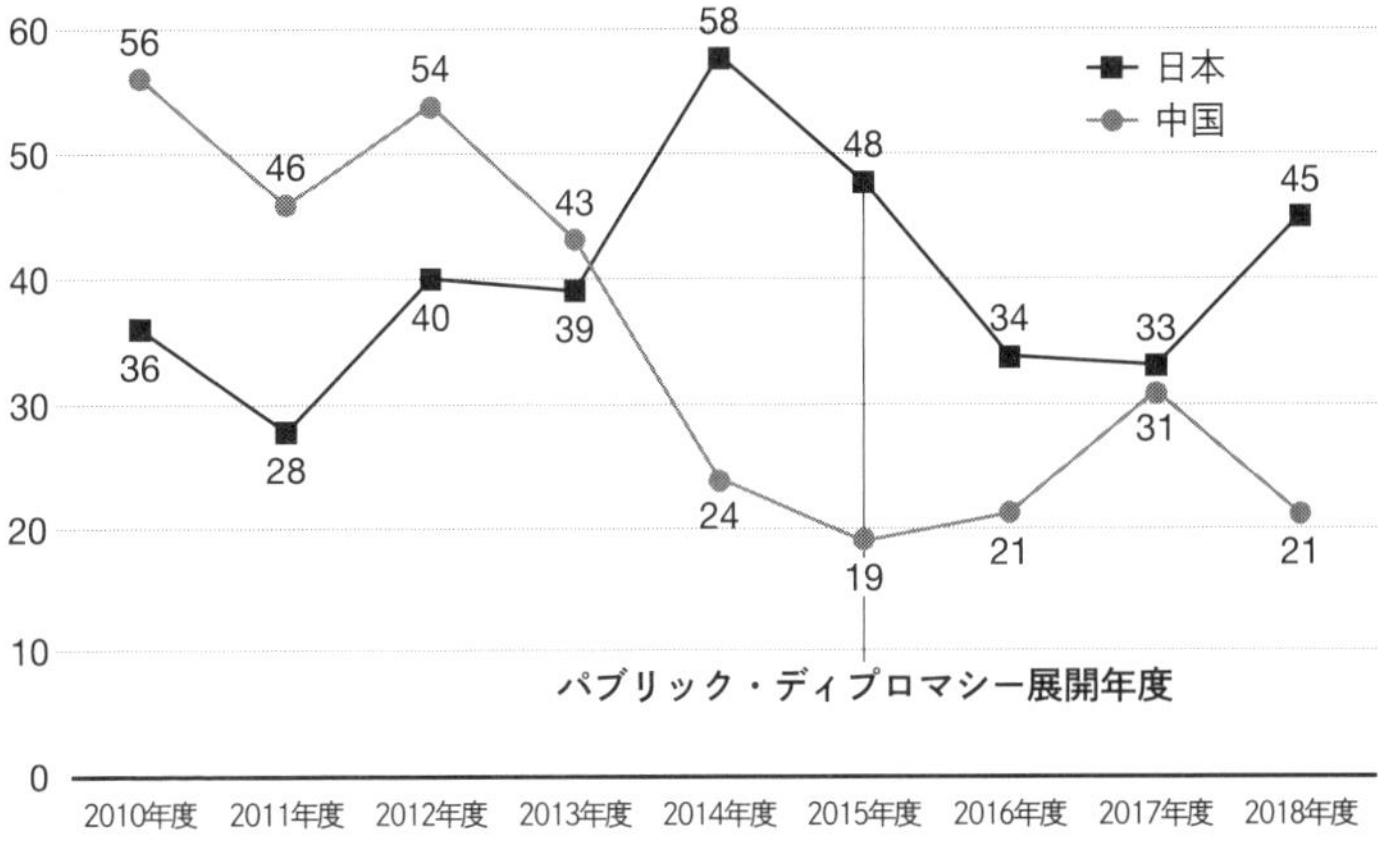

※全体の推移を見るために 2010 年度より表示　　　　出典：外務省の世論調査結果をもとに筆者作成

ジアで一位、２０１７年度末には「今後重要なパートナー」とする世論が米国と同率一位の44％となった）。また、ＡＳＥＡＮ地域の対日信頼度は、２０１７年度は84％と、他の国・地域と比べても圧倒的に高い。さらに、「重要なパートナー」についても、「日本」が一位だ。

一方、国際世論に見る中国の存在感については、今後、注視する必要がある。ＡＳＥＡＮ地域の対中観は、とりわけパートナーとして重視する見方が強まってきており、「日本」とは僅差である（「現在重要なパートナー」は日本58％・中国54％、「今後重要なパートナー」は日本47％・中国43％）。さらに、欧州では、対日信頼度が２０１５年度の77％から２０１８年度には66％と、3年足らずで11ポイント落としており、パートナーとして「中国」が「日本」を抜き、アジアトップに躍り出た（「現在重要なパートナー」は日本22％・中国34％、「今後重要なパートナー」は日本26％・中国36％）。こうした対日認識の変化には様々な原因があると考えられるが、その一つとして、中国の経済的影響力が拡大していることが指摘できよう。ただし、相対的に見れば、いずれの地域も肯定的に日本を評価していることが指摘でき、世論にみる日本のパブリック・ディプロマシーは、一部の国や地域においては、一定の効果を発揮しつつあるといえそうだ。

次に、日本関連報道に見る対日認識を評価してみよう。日本は特に米国の有力紙の報道ぶりを注視し、米有力新聞社等に対する働きかけを重要視してきた。２０１５年は、戦後70年という節目の年を迎えたことに加え、安倍談話の発表、平和安全法制の成立という、歴史に関する行事や出来事が相次いで生起し、パブリック・ディプロマシーも難しい局面に陥るかと思われたが、そうした状況にもかかわらず、ニューヨーク・タイムズをはじめ、ワシントン・ポストやウォール・ストリート・ジャーナル等の米主要メディアの日本に対するネガティヴな論調は、以前よりも少なくなっていった。特にこの年は、戦後70年に際して、中国や韓国等世界各地で記念行事が開催され、歴史に焦点が当たりやすいタイミングであったが、その前後の時期を見ても、歴史認識を巡る日本に対する厳しい論調は、鳴りを潜めていた。

メディア以外でも、特に欧米の有識者は、日本の取り組みに対して評価や理解を示すようになっており、反対に、中国を厳しく論じる傾向になっている。

また、安倍政権下のパブリック・ディプロマシーは、ソーシャルメディアを通じた対外発信も実施しているが、海外からのフォロワーも着実に増えてきており、日本の発信に海外からの関心が寄せられていることがわかる。今後の発信力の強化にも期待できる。

以上の動向に鑑みれば、安倍政権のパブリック・ディプロマシーの効果が少しずつ表れてきているといえよう。

対日関心度を高めるために

しかし、相対的な日本に対する関心、とりわけ日本が働きかけを重視してきた米国世論の対日関心度を向上させる取り組みについては、まだまだ難しさが残る。近年、米メディアやシンクタンクの関心は、海外との関連でいえば、中国やEU、ロシア、中東に向いており、日本自体が記事や研究で取り上げられることが少なくなってきている。前述したように、日本に対するネガティヴな報道は減少しているが、日本への相対的な関心度が低下してきている。この現象は、パブリック・ディプロマシーにどの程度の関連があるかは断定できないものの、日本に対する関心が低下しているという世論動向は、注視すべきである。

こうした海外世論の移り変わりは、パブリック・ディプロマシーの他に、その他の外部からの要因が作用しているということも忘れてはならない。外部要因について少し整理しておくと、日本との関連では、安倍政権の対外政策が２０１５年度以降、穏当なものとなってきていることが挙げられる。村山談話の見直しを行わないと発表し、２０１５年4月の安倍首相の初の米国議会演説では先の大戦への反省を述べ、戦後70年談話では「植民地支配」「侵略」「お詫び」「反省」といったキーワードをちりばめた。また、外交政策では、「地球儀を俯瞰する外交」を掲げて各国との関係強化を図り、またトランプ大統領との関係構築や日米同盟強化策にも尽力し、首脳会談等では、「堅固な日米関係」や「国際協調主義に基づく積極的平和主義」をアピールする機会を増やしていった。こうした安倍政権の政策は、パブリック・ディプロマシーの取り組み内容とも一致しており、パブリック・ディプロマシーの効果を発揮させるいわば活性剤となり、プラス要因にもなっていると考えられる。

また、国際情勢に伴う外部要因としては、中国の動向が大きい。中国が南シナ海の軍事拠点化を図っていることや、「中国製造２０２５」を実現して世界の覇権を握ろうとしていること、米国等へのシャープパワーを行使していること、さらには2019年7月末に中国が発表した国防白書では、米国が世界の安定を損ねていると明示したこと等を受け、米国の対中警戒感が増大している。また、韓国政府が慰安婦問題や徴用工問題等で執拗に日本を批判し続け、日韓関係がさらなる悪化をみていることから、米国政府の中で韓国への疲弊感（Korea Fatigue）が高まっていること等が、日本のパブリック・ディプロマシーにとってプラスに作用したと考えられる。

ただし、外部要因はプラス効果を持つものばかりではない。前述の中国の台頭は、国際世論において相対的に中国のプレゼンスが増大し、日本への関心度が低下する、ということの裏返しである。「一帯一路」構想に伴う中国のアジアやアフリカ、欧州への進出や、経済協力、文化交流や人物交流は、世界各地で確実に中国の存在感を拡大させてきた。中国の存在や動向は、日本のパブリック・ディプロマシーにとってはマイナス要因にもなり得ることも、忘れてはならない。

また、それとは別に、トランプ大統領の日米同盟を軽視するかのような発言や発信、TPPからの離脱、さらには米国における韓国系団体の慰安婦問題等を巡る活動は、いずれも日本のパブリック・ディプロマシーにとっては大きなマイナス要因であり、せっかくのパブリック・ディプロマシーも、効果を十分に発揮できない恐れがある。

日本が改めたパブリック・ディプロマシーの最終目標は、日本に対するポジティブな世論を定着・拡大させ、幅広い層に日本への関心を持ってもらい、親日派や知日派を増加させ、現在、そして将来的な日本との関係を発展させることである。このパブリック・ディプロマシーはスタートを切ったばかりであり、中長期的観測が必要となるため、一時的に部分的な効果が見られたとしても、現時点では明確な成果につながっているかどうかについては断言できない。日本のパブリック・ディプロマシーが所望の目標にたどり着くためには相当な時間と不断の努力が必要といえよう。

終章

日本が目指すべき「戦略的パブリック・ディプロマシー」

技術の飛躍的な発展とグローバル化の進展に伴い、各国のイメージを巡る争いは形態を変え、一段と激しさを増すようになった。そうした中、日本をはじめ、隣国の中国や韓国も、各々のイメージ戦略を展開し、自国のイメージの向上や国際世論の支持の獲得と拡大を図っており、その攻防は、少なからず国際社会にも影響を与えてきている。

とりわけ最近では、トランプ政権の誕生や、中国やロシアがシャープパワーを行使していると欧米社会から非難を浴びていることに見られるように、国際社会におけるパブリック・ディプロマシーそのものに対する価値観や認識が大きく変化してきている。

こうしたイメージを巡る国家間の争いに変容が見られる中で、日本は自国のパブリック・ディプロマシーを効果的に使用して国際社会の支持を得、米中対立の状況を呈する国際社会の中で、いかに勝ち残っていけるかが課題となっている。

その戦略的パブリック・ディプロマシーの方途を模索するにあたって、日本に欠けている視点や、弱点を見極める必要がある。これまでの分析や考察を総括してみると、それは、国際社会の視点に立った柔軟な取り組み、そして、パブリック・ディプロマシーが国家安全保障の重大な要素であるという視点に立脚した政策立案が十分でないことである。この二点を補強することで、より力強く戦略的なパブリック・ディプロマシーになると考えられる。

一点目については、パブリック・ディプロマシーの戦略的目標を実現するにあたって、国際社会の声を聞くこと（傾聴と呼ばれる）が、この重要性に基づく認識である。相手にとって、こちらの発するメッセージは、信ぴょう性のあるものでなくてはならない。これは、かつて、米国の対中東パブリック・ディプロマシーの反省から生まれた視点と同じである。パブリック・ディプロマシーは、自国にとって都合が良く、独りよがりの発信であってはならず、相手国のニーズや関心に沿ったものでなくては、相手国に受け入れられにくいのである。その際、一方通行の発信や、自国の主張や取り組みが「正しく」、他国の主張が「間違っている」といった発信の効果は期待できず、また時代遅れであることが指摘できる。

とりわけ、日韓関係でいえば、歴史認識を巡り、日本が考える「正しい姿」を発信する際に、特に注意が必要である。日本と国際社会の間には、価値や問題の根源に対する理解を巡って、いまだ隔たりがあるからだ。日本にとっての「正しい姿」は、国際社会において理解されにくく、欧米諸国では、慰安婦問題等は、現代の議論にもつながる「女性の権利」や「人権」の問題でもある。特に、慰安婦問題に関する日本の主張は「否認主義者（デナイアリスト）」や「歴史修正主義者（レヴィジョニスト）」であるとの認識が米メディアを中心に存在し、今後も、肯定的な理解が劇的に拡大することは期待できないだろう。日本には、センシティブな問題に対する国際社会の視点を持ち、そして、感情的にならず冷静沈着に対応することが求められる。

この点においては、国際社会から発せられる言葉についても注意が必要である。とりわけ、海外のメディアでは、日本で行われるヘイトスピーチについて「人種差別（レイシズム）」等と非難される傾向にある。人種差別というレッテルを貼られれば、国際社会における日本の信頼度は著しく低下するだろう。人権が重んじられ、国家全体のイメージが鍵となる今日の外交にあっては、政府の外交政策と並行して、社会の穏健で節度ある言動が望まれる。

また、政府のイメージ戦略は、一歩間違うと、海外からはプロパガンダであると受け止められ、たちまち非難の対象となるため、常に難しさが伴う。イメージ戦略が、パブリック・ディプロマシーにも、プロパガンダにもなり得るということをしっかりと認識する必要がある。

二点目は、パブリック・ディプロマシーが外交・安全保障に応用可能である、という認識である。特に米国に対するパブリック・ディプロマシーでは、中国の存在や、日米同盟の存在を無視することはできなくなっている。安全保障の視点を交えてパブリック・ディプロマシー戦略を立案することが、効果的なパブリック・ディプロマシー展開の鍵になるだろう。

例えば、日本に対する米国社会からの支持を得るべく、広報外交に加えて、日本主導で米シンクタンク等と共同研究を実施するといった取り組みを行い、その成果物を、米メディアを通じて米国世論向けに発信していくという手法も一案であろう。その際、日本のシンクタンクの世界でのプレゼンスはまだ十分ではなく、さらなる強化が必要であろう。そのためにも、国内シンクタンクにおける研究がより発展していくことが期待される。安全保障分野における、こうした双方向性を重視した取り組みは、「パートナー」としての日本をアピールする機会であり、新しい試みとなるだろう。

パブリック・ディプロマシーは決して万能ではなく、完全な外交手法でもない。ソフトパワーだけで国家間関係が強化できるわけでもなく、世界の友人を増やせるわけでもない。ソフトパワーのみを用いて素晴らしい国際社会のリーダーとなった人物もいないだろう。また、パブリック・ディプロマシーによって発信するメッセージの内容に、実際の政策が伴わなければ、せっかくのパブリック・ディプロマシーも効果を発揮できない。予測不可能である外部からの要因がパブリック・ディプロマシーの効果に大きく関わることから、パブリック・ディプロマシーに過大に頼る外交手法をとることは賢明ではない。

そうした中でも、世界に自国の立場や主張についての理解を求め、自国の味方を増やすという外交努力は、極めて重要な取り組みであろう。これからの時代の外交にあっては、コミュニケーション力を高めるとともに、国際情勢や安全保障環境の変化等、様々な要因を敏感に受け止め、パブリック・ディプロマシーの方途も柔軟に適応させる能力が求められる。また、パブリック・ディプロマシーの効果を評価するための適切な尺度が設定されることも有用であり、その結果や反省から、改定された戦略が検討され、打ち出されることが期待される。

パブリック・ディプロマシーは、それ自体が生きているものであり、その研究も発展の途上にある。その上、昨今ではシャープパワーという新たなパワーの出現により、世論を巡る国際環境はより複雑さを増している。こうした中にあっても、日本においてパブリック・ディプロマシーの意義が再認識され、変遷する環境の中でトライアル・アンド・エラーを繰り返しながら、より柔軟に、力強く、効果のあるものへと発展していくことを切に願っている。

あとがき

本書の問題意識の根底には、米国世論の対日理解が、日本が想像するほど進んでいないのではないか、という危機感がある。本書は、国際世論を巡る各国の対外発信、とりわけ、理論よりイメージを重視する韓国や、共産党の強制力と経済的影響力を用いる中国の、時には日本を貶《おとし》めるための米国等における世論工作を例に挙げて、日本の対外発信の現状と課題を浮き彫りにしようと試みるものである。

私の米国世論に対する興味は、2012年、米国留学中に大学の授業でPolitical Science（国際政治学）を履修したことに端を発する。それまで、専門性もなく、ほとんど独学で国際政治について学んでいた。強いていえば、「薮中塾グローバル寺子屋」（元外務事務次官・薮中三十二先生を塾長とする寺子屋）に参画し、この分野の知識や考え方といった基礎を築こうと、日々奮闘していた。

当時は、通訳になることを志していたが、いつしか、「言葉」をデリバー（伝える）するのではなく、それをツールにして外交に関連した取り組みや研究がしたいと夢を抱くようになった。そんな時、留学先の米国で出会ったのが国際政治学であった。「ポリサイ（Political Science）が専門分野でないなら、あの教授はやめておけ。単位が取れないことで有名だ」と、米国人学生は口を揃えて忠告してくれたので、最初は物怖《ものお》じしそうになった。しかし、「世界の大国」である米国視点で国際政治に触れるのは、またとない機会であり、また、２０１２年の米大統領選で盛り上がりの雰囲気もあったため、思い切って米国の地で国際政治学を学ぶことを決めたのであった。

今思い返すと、あんなに死に物狂いで机にかじりついたことはなかった。毎週の講義では、分厚い専門書を必ず数冊ずつ読んでくることが課題で、それが頭に入っていなければ講義についていけない。試験は幾度もあった。わからないところはしつこいほどに教授とのアポイントメントを取り付け、必死で取り組んだ。

その中で徐々に抱くようになったのが、前述の問題意識である。ちょうどその頃は、日本と中国や韓国の間で、領土や歴史を巡る問題が噴出し、関係が悪化していた。米国でも、その問題について報じられ、授業でも議論されたものの、それは決して、日本が米国に対して望むような、日本の立場に対する理解を示すようなものではなかったのである。そうした状況を受けて、米国世論形成プロセスや米国政府の政策決定プロセスにも興味を持つようになった。

帰国して、ちょうど日本政府が対外発信強化政策を模索していることがわかった。これが、本書で取り上げた「パブリック・ディプロマシー」なのであるが、米国で抱いた疑問にまさに日本が取り組もうとしていたのだ。こうして、進学した大学院において日本のパブリック・ディプロマシーについて研究することにした。本書でも述べた通り、日本においてパブリック・ディプロマシーは比較的新しい概念であり、研究が進んでおらず、効果の測定方法も確立されない中での試みであった。大阪大学大学院国際公共政策研究科の星野俊也教授（当時）・現国連日本政府代表部大使、中嶋啓雄教授、そしてヴァージル・ホーキンス准教授には、大変貴重なご指導を賜り、本書の土台を作り上げることができたことに、心より感謝を申し上げる。

さて、本書企画から執筆、刊行まで、共に奮闘していただいたのが、株式会社ウェッジの編集者である木村麻衣子氏である。木村氏は、同社ウェブ版の連載で大変お世話になっている人物である。同氏との出会いは、当時体調を崩し行き詰まっていた私にとり大きな転機となった。広報や市民外交、イメージ戦略といった分野に大変興味を持ってくださり、勇気を与えていただいた。問題意識も同じくする人物の一人であり、今日までお付き合いさせていただいている。執筆作業では、毎回きめ細やかにご指導いただき、国内外の情勢、世論の関心事まで議論させていただいたことに、最大限の謝意を示したい。

同様に、研究のための機会を与えてくださり、激励してくださったのが、京都大学大学院工学研究科の藤井聡教授である。同教授の激励によって、改めて研究者として活動を継続する決意を固めることができた。同教授の指導に、深く感謝している。

本書執筆にあたって、日韓の文化的違いや韓国社会の対日観といったところで躓《つまづ》いたが、韓国駐在経験のある有識者や記者らに聞き取り調査を行うことができ、貴重な示唆を数多くいただいた。ご多忙にもかかわらずご指導いただいたことに、深く感謝申し上げる。

また、外務省では、パブリック・ディプロマシー関連の実務に携わることができたが、ここでの経験は、現在、そして今後の研究者人生にとって、かけがえのないものとなった。当時お世話になった方々には、仕事面ではもちろん、心身ともに支えていただいたことに、心より感謝している。今でも付き合いのある方が多く、外務省で培った経験と人脈は、本書執筆においても、大きな支えになった。

本書執筆過程では、何度も壁にぶつかったが、中でも、勤務先の業務との両立が最も困難であったと今になって思う。とりわけ未来工学研究所の平澤泠理事長から賜ったご理解とご協力は所内業務と執筆を両立させる上で欠かせなく、そうした激励があったからこそ可能となった。心より感謝している。また、日本国際問題研究所の関係者一同に対しても、自身の研究と関連する取り組みに参画させていただく機会やご理解を賜り、深く御礼申し上げたい。

パブリック・ディプロマシーは、まだ日本において重要な外交政策として呼吸し続けている。世論に働きかける外交という点において、人間の深層心理がすべての結果を左右する可能性もあり、実は最も時間と難しさを伴う外交手法なのかもしれない。量的調査では測れない効果であり、だからこそ、今日までしっかりとした効果の測定手法が確立されていないのである。そうした中でも、本書が、この分野の重要性が再認識され、より多くの政策や研究へと発展していく一助となることを願っている。

2020年　2月吉日

桒原　響子

【参考図書・資料】

●青山瑠妙『中国のパブリック・ディプロマシー：調査報告書』国際交流基金、２００９
●――「国際協調・国家利益・ナショナリズム：国内・国際リンケージの中の中国外交」科学研究費助成事業研究成果報告書、２０１５年9月
●今泉慎也「パプアニューギニアの資源開発と慣習地（特集 太平洋島嶼国の持続的開発と国際関係）」『アジ研ワールド・トレンド』日本貿易振興機構アジア経済研究所、２４４巻、pp.16-19、２０１６年1月
●小此木政夫「日韓歴史摩擦の現状と展望：司法問題にどう対応すべきか」ＳＳＤＰ安全保障・外交政策研究会講話、２０１９年4月22日
●小原凡司・桒原響子『AFTER SHARP POWER：米中新冷戦の幕開け』東洋経済新報社、２０１９
●片岡真輝「中国の台頭と太平洋島嶼国の独自外交：大国間でしたたかに生きる島嶼国家」『ＩＤＥスクエア―世界を見る眼』日本貿易振興機構アジア経済研究所、２０１８年10月
●金子将史・北野充編著『パブリック・ディプロマシー戦略：イメージを競う国家間ゲームにいかに勝利するか』ＰＨＰ研究所、２０１４
●カルロス・デ・クエト・ノゲラス「欧州における右翼ポピュリズム：欧州連合（ＥＵ）、エスノ・ナショナリズム、民主政、グローバル化に関する言説的レトリック」『立命館大学人文科学研究所紀要』立命館大学人文科学研究所、１１６号、pp.93-112、２０１８年7月

●木村幹『朝鮮／韓国ナショナリズムと「小国」意識』ミネルヴァ書房、２０００
●――「中国への急接近は韓国の『先物買い』」『成長の終焉に悩む韓国』週刊東洋経済eビジネス新書、21号、２０１８年5月
●黒崎岳大「太平洋島嶼国からみた中国の太平洋進出」『パシフィックウェイ』一般社団法人太平洋協会、１４０号、２０１２年8月
●桒原響子「第二次安倍政権下の対米パブリック・ディプロマシー：その実情と効果についての一考察 Public Diplomacy toward the United States under the second Abe Administration : Policies and their Effects」『国際公共政策研究』大阪大学大学院国際公共政策学会、21巻2号、pp.35-57、２０１７年3月
●古森義久『中・韓「反日ロビー」の実像：いまアメリカで何が起きているのか』ＰＨＰ研究所、２０１３
●澤田克己「韓国の文化外交と日韓関係」『三田評論　特集：〝文化と外交〟を考える』慶應義塾大学出版会、pp.35-40、２０１２
●――『韓国「反日」の真相』文春新書、２０１５
●――「インバウンドを直撃！　韓国の『日本不買』今回はなぜ成果を上げたのか」WEDGE Infinity、２０１９年8月22日
●産経新聞社『歴史戦：朝日新聞が世界にまいた「慰安婦」の嘘を討つ』産経新聞出版、２０１４
●ジョセフ・S・ナイ『ソフト・パワー：21世紀国際政治を制する見えざる力』日本経済新聞出版社、２００４
●諏訪一幸「中国の『根拠地』外交の展開：目指すは中華秩序の構築か？」『Views on China』、東京財団政策研

究所、2016年7月21日
●藤木俊一「慰安婦問題ドキュメンタリーフィルム『主戦場』試写会に関するご報告」慰安婦の真実国民運動、2019年4月8日
●藤原夏人「【韓国】公共外交（パブリック・ディプロマシー）法」、『外国の立法』、国立国会図書館調査及び立法考査局、2016年10月
●松本明日香「米中関係におけるパブリック・ディプロマシー」『国際秩序動揺期における米中の動勢と米中関係』日本国際問題研究所、pp.119-131、2017
●八塚正晃「中国の太平洋島嶼国への進出と『一帯一路』構想」防衛研究所NIDSコメンタリー，第73号、2018年5月
●山本優美子「記者会見資料：不公正で偏向に満ちた映画『主戦場』について」慰安婦の真実国民運動、2019年5月22日
●雷紫雯「グローバル時代における中国の対外宣伝戦略に関する考察：対外宣伝メディアの問題点をめぐって」『国際広報メディア・観光学ジャーナル』北海道大学大学院国際広報メディア・観光学院、第18巻、2014年3月18日
●李炅澤「日本における『新しい』パブリック・ディプロマシーの挑戦とその限界：民主党政権におけるパブリック・ディプロマシーの方向性とその転換を中心に」『国際日本研究』第7号、pp. 153-165、2015年3月

- Cho, Yun Young. “Public Diplomacy and South Korea’s Strategies.” The Korean Journal of International Studies 10, no. 2 (December 2012)：275-296
- Cull, Nichols J. “‘Public Diplomacy’ before Gullion: The Evolution of a Phrase,” USC Center on Public Diplomacy Blog, April 18, 2006
- ――The Cold War and the United States Information Agency: American Propaganda and Public Diplomacy: 1945-1989. New York: Cambridge University Press, 2008
- ――“Public Diplomacy: Taxonomies and Histories.” The Annals of the American Academy of Political and Social Science 616, no. 1, (March 2008):31-54
- ――The Decline and Fall of the United States Information Agency: American Public Diplomacy, 1989-2001. New York: Palgrave Macmillan, 2012
- Custer, Samantha, Russell, Brooke and others. “Ties That Bind: Quantifying China’s Public Diplomacy and its ‘Good Neighbor’ Effect.” AidData, June 27, 2018
- D’Hooghe, Ingrid. China's Public Diplomacy. Leiden: Martinus Nijhoff Publishers, 2014
- Gilboa, Eytan. “Searching for a Theory of Public Diplomacy.” The Annals of the American Academy of Political and Social Science 616, no. 1, (March 2008)：55-77
- Gurbanmyradova, Diana. “The Sources of China’s Soft Power in Central Asia: Cultural Diplomacy.” Central

European University eTD Collection , 2015
- Hallock, Steven M. Editorial and Opinion: The Dwindling Marketplace of Ideas in Today's News. Westport, Ct, London: Preager, 2007
- Herr, Richard. "Special Report: Chinese Influence in the Pacific Islands: The Yin and Yang of Soft Power." The Australian Strategic Policy Institute, April, 2019
- Katchanovski, Ivan."Politically Correct Incorrectness: Kazakhstan, Russia, and Ukraine in Hollywood Films." Presentation at the Annual Meeting of the American Political Science Association, Chicago,Il, August 30-September 2, 2007
- Leonard, Mark. Public Diplomacy. London: Foreign Policy Center, 2002
- Lim, Louisa and Bergin, Julia. "Inside China's Audacious Global Propaganda Campaign." The Guardian, December 12, 2018
- McCombs, Maxwell and Shaw, Donald. "The Agenda-Setting Function of Mass Media." Public Opinion Quarterly 36, no. 2 (Summer 1972): 176-187
- McCombs, Maxwell. Setting the Agenda: The Mass Media and Public Opinion. Cambridge: Policy Press, 2004
- ——"A Look at Agenda-Setting: Past, Present and Future." Journalism Studies 6, no. 4 (November 2005): 543-557
- McGray, Douglas. "Japan's Gross National Cool." Foreign Policy, no.130, March 2002

● Meick, Ethan, Ker, Michelle and Chan, Han May. “China’s Engagement in the Pacific Islands: Implications for the United States.” U.S.-China Economic and Security Review Commission, June 14, 2018

● Melissen, Jan. “The New Public Diplomacy: Between Theory and Practice.” In The New Public Diplomacy: Soft Power in International Relations, edited by Jan Melissen, 3-27. Basingstoke: Palgrave Macmillan, 2005

● National Endowment for Democracy. “Sharp Power: Rising Authoritarian Influence.”The International Forum for Democratic Studies, December 4, 2017

● Osipova, Yelena. “Seeing Beyond the Bear: Selective Processing and Russian Public Diplomacy in the West.” Center on Global Interests, August 15,2013

●——“Russia’s Public Diplomacy: In Search of Recognition.” CPD Blog. University of Southern California Center on Public Diplomacy, November 3, 2014

● Riffkin, Rebecca. “For First Time, Majority in U.S. Oppose Nuclear Energy.” Gallup, March 18, 2016

● Saraiva, Rui F. “An Analysis of Japan's Soft Power in Contemporary International Politics: Towards a More Assertive Public Diplomacy Strategy. ”PhD diss., Osaka School of International Public Policy, 2013

● Seib, Phillip. Toward a New Public Diplomacy: Redirecting U.S. Foreign Policy. New York: Palgrave Macmillan, 2009

●——“Public Diplomacy and the Obama Moment.”Perspectives 2, no.3, March 2010

●——Real-Time Diplomacy: Politics and Power in the Social Media Era. New York: Palgrave Macmillan, 2012

● Simons, Greg. "Russian Public Diplomacy in the 21st Century: Structure, Means and Message." Public Relations Review 40, no.3 (September 2014): 440-449

● Snow, Nancy. Information War: American Propaganda, Free Speech, and Opinion Control Since 9/11 . New York: Seven Stories, 2003

● ——Rethinking Public Diplomacy. New York: Routledge, 2009

● ——Japan's Information War. North Charleston: Createspace Independent Publishing Platform, 2016

● Snow, Nancy and Taylor, Philip M. Routledge Handbook of Public Diplomacy. New York: Routledge, 2009

● Stokes, Bruce and Oates, Russ. "American, Japanese: Mutual Respect 70 Years After the End of WWII: Neither Trusts China, Differ on Japan's Security Role in Asia." Pew Research Center, April 7, 2015

● The World Bank. "Pacific Possible: Long-Term Economic Opportunities and Challenges for Pacific Island Countries." World Bank, 2017.

● Wallin, Matthew. "America's Vital Need to Communicate Strategically." White Paper of American Security Project: The New Public Diplomacy Imperative, August 7, 2012

● Wike, Richard, Stokes, Bruce and Poushter, Jacob. "Global Publics Back U.S. on Fighting ISIS, but Are Critical of Post-9/11 Torture: Asian Nations Mostly Support TPP, Defense Pivot – but Also Value Economic Ties with China." Pew Research Center, June 23, 2015

● Wooley, Alex. "Chinese Public Diplomacy in East Asia and the Pacific: Is it Working?" AidData A Research Lab

at William & Mary, June 26, 2018
● Xin, Xin. How the Market is Changing China's News: the Case of Xinhua News Agency. Plymouth: Lexington Books, 2012
● Zaharna, S.R. "Obama, U.S. Public Diplomacy and the Islamic World." World Politics Review, March 16, 2009
● ——Relational, Networked and Collaborative Approaches to Public Diplomacy: The Connective Mindshift. New York: Routledge, 2013

その他、各新聞・雑誌・ウェブメディア・ソーシャルメディア、各政府公表資料、各研究機関のレポート、各教育機関、文化施設、映画・音楽公式ウェブサイト、各記者会見・答弁映像、各有識者への取材等を参考にした。

【著者略歴】
桒原響子（くわはら　きょうこ）
1993年生まれ。2012年米国ウエストバージニア大学において国際政治学や通訳翻訳等を学び、2017年大阪大学大学院国際公共政策研究科修士課程修了。笹川平和財団安全保障事業グループ研究員、外務省大臣官房戦略的対外発信拠点室外務事務官を経て、2019年より日本国際問題研究所研究員、未来工学研究所研究員、京都大学レジリエンス実践ユニット特任助教。専門は、国際公共政策、パブリック・ディプロマシー、ストラテジック・コミュニケーション、メディア研究等。著書に、『アフター・シャープパワー：米中新冷戦の幕開け』（共著、東洋経済新報社、2019年）。

なぜ日本の「正しさ」は世界に伝わらないのか
日中韓　熾烈なイメージ戦

2020年3月18日　第1刷発行

著　者　桒原響子
発行者　江尻 良
発行所　株式会社ウェッジ
〒101-0052 東京都千代田区神田小川町1丁目3番地1
NBF小川町ビルディング3階
電話 03-5280-0528　FAX03-5217-2661
https://www.wedge.co.jp/　振替 00160-2-410636

本文デザイン・図版製作／TYPEFACE
カバーデザイン／渡邊民人（TYPEFACE）
DTP組版／株式会社リリーフ・システムズ

印刷・製本　株式会社暁印刷

※定価はカバーに表示してあります。
※乱丁本・落丁本は小社にてお取り替えいたします。

ISBN978-4-86310-221-7　C0031